pal praktisch anwendbare Lebenshilfen

Maja Günther

So findest du innere Stabilität

Wie es dir gelingt, seelische Widerstandskraft aufzubauen und nie mehr zu verlieren

mit Beiträgen von Christa Diegelmann und Margarete Isermann, Andrea Sterr, Ingeborg Warnke und Doris Wolf

pal

PAL Verlagsgesellschaft mbH
Seit über 35 Jahren der Verlag für praktisch anwendbare Lebenshilfen aus der Hand erfahrener Psychotherapeut*innen und Coaches.

Bibliografische Information der Deutschen Nationalbibliothek. Die Deutsche Nationalbibliothek verzeichnet diese Publikation in der Deutschen Nationalbibliografie, abrufbar im Internet über http://dnb.d-nb.de

www.palverlag.de
ISBN 978-3-910253-03-2
1. Auflage 2022

Dieser Ratgeber gibt Hilfestellungen und Impulse, ersetzt jedoch keine therapeutische Behandlung. Die Ratschläge dieses Buches sind von Autorinnen und Verlag sorgfältig geprüft. Autorinnen und Verlag können jedoch keine Garantie auf die Wirkweise geben und schließen jede Haftung für Personen-, Sach- und Vermögensschäden aus.

Beiträge von Christa Diegelmann und Margarete Iserman mit freundlicher Genehmigung des ID Instituts für innovative Gesundheitskonzepte https://www.idinstitut.de/aktuelles.php

Redaktion und Lektorat: Melanie Haizmann
Korrektur: Alexander Eß
Covergestaltung: Karin Etzold
Coverabbildung: © Adobe Stock, lovelyday12
Abbildungen Innenteil: © prezent, Lifeking, Ali, Sell Vector, GarkushaArt - stock.adobe.com
Foto der Autorin (c) Peter von Felbert
Satz: Grafik + Druck digital K.P. GmbH, München
Druck: Grafik + Druck digital K.P. GmbH, München

Klimaneutral
Druckprodukt
ClimatePartner.com/11574-2211-1001

Inhalt

*Wenn wir
an unsere Stärken glauben,
werden wir täglich
stärker.*

– Mahatma Gandhi –

Vorwort

Liebe Leserin, lieber Leser,

wir leben in Zeiten des Wandels – einige sagen sogar, die Welt wäre ins Wanken geraten. Pandemie und Krieg, gesellschaftliche Herausforderungen, persönliche Hürden und Weltschmerz, über allem schwebt die Klimakrise – gerade gehen Gewissheiten verloren oder müssen hinterfragt werden, Zukünftiges ist weniger berechenbar als es einmal schien. Das alles führt im alltäglichen Leben zu einem hauchdünnen Nervenkostüm, einem generellen Überforderungsgefühl und einer gereizten Stimmung. Veränderungen schaffen Unsicherheiten – das spüren wir jeden Tag.

Viele von uns haben gerade das Gefühl, die Kontrolle zu verlieren. Wir scheinen den äußeren Gegebenheiten ausgeliefert zu sein und können nur noch reagieren – Angst und Ohnmacht, Schuldgefühle und Wut, Sorgen und Ängste begleiten uns. In Zeiten, in denen das Gewohnte keinen Bestand mehr hat und uns der Boden unter den Füßen weggezogen wird, sind wir besonders herausgefordert, flexibel und anpassungsfähig zu reagieren. Jetzt zeigt sich, wie stabil wir innerlich sind.

Es mag wie ein Luxusproblem wirken, wenn wir uns angesichts der großen Krisen um uns erstmal um uns selbst kümmern wollen. Aber was passiert, wenn wir die innere Stabilität verloren haben? Dann sind wir besonders dünnhäutig und energielos. Das Gedankenkarussell dreht sich Tag und Nacht, begleitet von einem stetigen Gefühl der Überforderung. Uns fehlt schlichtweg die Motivation, den Alltag mit Leichtigkeit zu nehmen. Wenn wir innerlich nicht stabil sind, fehlt uns die Basis. Wie sollen wir in diesem Zustand den Herausforderungen des Lebens begegnen können?

Wichtig ist nun vor allem anzuerkennen: Instabile Phasen sind normal und angesichts der Herausforderungen des Lebens nur allzu menschlich. Gerade jetzt dürfen wir nicht allzu streng mit uns selbst sein – die Welt um uns herum ist schon ungnädig genug. Trotzdem ist es kein angenehmes Gefühl, die eigene Mitte verloren zu haben.

Die gute Nachricht jedoch ist, dass wir diesem Zustand nicht hilflos ausgeliefert sind. Es gibt Strategien und Wege, unsere innere Stabilität wiederzufinden und zu festigen. Wir können etwas tun, um auch angesichts der kommenden Krisen Glück zu empfinden, stabil zu sein und bei uns selbst zu bleiben: Wir können uns auf uns selbst und das, was wir gut können, besinnen. Wir können gut und sorgsam mit uns umgehen und Rituale finden, die uns Halt von außen geben, wenn er uns innerlich fehlt. Entdecke mit uns gemeinsam die Möglichkeiten, Kraft und Halt zu finden.

Mit dem Lesen dieses Buches machst du einen wichtigen ersten Schritt hin zu mehr innerer Stabilität. Ich würde mich freuen, wenn die Informationen, Anregungen, Hilfestellungen und Übungen dir helfen, deine Balance zu finden, mit der nicht nur gut im Leben stehen, sondern auch durchs Leben gehen, ja im besten Fall schwungvoll tanzen kannst.

Deine

Maja Günther

Einleitung: Ein Gespräch mit der Psychotherapeutin Dr. Andrea Sterr

Für einen praktischen und lebensnahen Einstieg in diesen Ratgeber habe ich mit der erfahrenen Psychiaterin und Psychotherapeutin Dr. Andrea Sterr über das vielschichtige Thema innere Stabilität gesprochen.

Maja Günther

In den letzten Jahren, die von Pandemien und Kriegen, Energie- und Wirtschaftskrisen beherrscht werden, sind viele Menschen emotional angegriffen. Das merke ich auch in meinen Beratungen. Viele meiner Klientinnen und Klienten bringen eine seelische Grundbelastung mit, die sie leichter aus ihrem inneren Gleichgewicht bringt. Brauchen wir Menschen heute mehr denn je innere Stabilität?

Dr. Andrea Sterr

Ja, denn abgesehen von den aktuellen Krisen, ist unser heutiges Leben auch an sich schon stressig genug. Alles läuft in einem hohen Tempo und will sehr schnell bearbeitet werden, es gibt eine Menge Anforderungen, die uns tagtäglich erwarten und oftmals haben viele Menschen selbst den Anspruch, perfekt funktionieren und sein zu müssen.

Das bedeutet also: Nur wenn wir stabil sind, können wir dem Druck in der Arbeit und dem Privatleben, in der Familie und in Beziehungen positiv begegnen. Denn das Leben stellt uns ja andauernd vor neue Herausforderungen und richtet sich mit all den Krisen nicht nach unserem aktuellen Befinden und unseren Bedürfnissen. Es wartet nicht darauf, bis wir eine Herausforderung gemeistert haben und bereit und ausgeruht sind für die nächste. Die Frage ist daher: Was ist das Geheimnis von Menschen, die innerlich stabil sind?

Maja Günther
Da habe ich immer gleich das Bild von einem Menschen mit roten Apfelbäckchen vor Augen, der rundum gesund ist und aufrecht durchs Leben geht. Er ist fröhlich und unbeschwert. Er schläft nachts gut und ernährt sich auch ausgewogen und bewegt sich ausreichend. Er hat beruflich und privat ein abwechslungsreiches Leben. Das bedeutet nicht, dass er keine Schicksalsschläge oder persönlichen Niederlagen erlebt, aber er verfügt über ein gesundes Selbstwertgefühl, eine positive Einstellung sich selbst gegenüber und besitzt eine optimistische Grundhaltung.

Dr. Andrea Sterr
Für mich ist dieser Mensch auch immer eingebettet in Beziehungen, in einem Freundeskreis, in Familie und Partnerschaft. So bekommt er von seinem Umfeld die Sicherheit, in schwierigen Situationen unterstützt zu werden. Ein weiterer wichtiger Punkt ist auch das Gefühl, über sein Leben bestimmen zu können, es selbst gestalten zu können. Was dagegen die innere Stabilität beeinträchtigt, ist das Gefühl, der Situation ausgeliefert zu sein, anstatt die Kontrolle darüber zu besitzen. Ein Gefühl, bestimmt und kontrolliert zu werden.

Maja Günther
Wer innerlich stabil ist, weiß, was er braucht. Und er tut das, was seinen inneren Werten entspricht. Wenn beispielsweise jemand den Trubel eher scheut und dagegen die Natur liebt, dann wird er eher nicht in der Stadt wohnen, sondern auf dem Land.

Dr. Andrea Sterr

Dort zu leben, wo uns die Umgebung entspricht, mag vielleicht banal klingen, aber gerade das verankert uns in der Stabilität und gibt uns Halt in den Wogen äußerer Belastungen.

Maja Günther

Aber was passiert, wenn uns die innere Stabilität abhanden kommt, wenn wir emotional zu schwanken beginnen? Jeder von uns kennt das: Es gibt diese Zeiten, in denen uns schnell etwas zu viel ist, wir in Ruhe gelassen werden wollen, wir uns leicht angegriffen fühlen, ein eigentlich undramatisches Ereignis uns plötzlich traurig fühlen lässt oder wir uns häufig streiten, auch ohne großen Anlass.

Dr. Andrea Sterr

Erstmal sind das einfach nur starke emotionale Reaktionen. Doch natürlich können sie Anzeichen dafür sein, dass wir unsere innere Balance verlieren. Verbunden damit ist leider auch, dass wir dann in allem das Negative sehen und uns Gefühle wie Ängste oder Sorgen begleiten und wir befürchten: „Ich schaffe das alles nicht mehr!" Diese Einstellung raubt uns die Energie, aktiv unser Leben zu gestalten. Dann schieben wir alles vor uns her, bis es immer mehr wird und wir in einen Teufelskreis aus Druck und Ängsten geraten.

Maja Günther

Am Ende sind wir sauer auf uns selbst. Wir werten uns selbst ab, meist mit generellen Verurteilungen. „Ich bin so eine Versagerin oder ein Versager!", ist so ein typischer Satz, den ich immer wieder in meinen therapeutischen und Coachingsitzungen höre.

Dr. Andrea Sterr
Mit diesen Sätzen meldet sich unser innerer Kritiker immer öfter und immer lauter zu Wort – immer dann, wenn uns Selbstwertgefühl und Selbstvertrauen abhanden kommen. Und er ist es auch, der unseren Blick auf all das trübt, was noch in der Zukunft auf uns zukommen wird. Wir denken dann: „Das wird schwer zu schaffen sein und wahrscheinlich schiefgehen."

Maja Günther
Was können wir tun, um die innere Unsicherheit zu vermeiden oder um aus diesem Zustand wieder herauszufinden? Ich denke, die gute Nachricht ist zunächst: Wir können etwas tun. Wir selbst haben es zu jeder Zeit in der Hand, etwas an unserer seelischen Situation zu verändern. Und das Leben hilft uns dabei – insofern, als dass es auch einer ständigen Veränderung unterliegt.

Dr. Andrea Sterr
Dieser Aspekt ist maßgebend. Denn jeder neue Tag, jede neue Situation gibt uns die Chance für einen Neustart. Und der beginnt damit, uns auf unsere inneren Ressourcen zu konzentrieren. Wir können uns ganz konkret überlegen: „Was kann ich denn gut? Was macht mir Freude? Was macht mir Spaß? Wie kann ich das in dieser Situation einsetzen?" Oder auch: „Was habe ich in meinem Leben schon alles geschafft und wie habe ich eine vergleichbare schwierige Situation – eine Herausforderung, ein Problem, eine Krise etc. – bewältigt? Was hat mir dabei geholfen?"

Maja Günther
Die Rückschau ins eigene Leben, ist eine schöne Übung, die ich oft meinen Klientinnen und Klienten empfehle. Ich bitte sie, Stift und Zettel zur Hand zu nehmen und wie eine Chro-

nistin oder ein Chronist alles zu notieren und aufzulisten: wann sie eine Krise bewältigt haben, wie ihnen das gelungen ist und was sie dazu gebraucht haben. Der Effekt ist enorm: Viele sind verblüfft, an wie viele gute Geschichten über sich selbst sie sich plötzlich erinnern können und wie oft sie schon Lösungswege gefunden haben. Und sie stellen fest, was ihnen dabei geholfen hat, welche Unterstützung sie sich geholt haben. Dieses Bewusstsein hilft ihnen zu erkennen, was sie jetzt brauchen.

Dr. Andrea Sterr

Beim Aufschreiben und sich Erinnern entwickeln wir auch das Gefühl, ins Tun zu kommen und nicht den Umständen ausgeliefert oder abhängig von anderen Menschen zu sein. Aktiv zu werden, auch in kleinen Schritten, erzeugt innere Stabilität. Und diese kleinen Schritte können wir dann auch verstärken, indem wir uns dafür kleine Belohnungen gönnen.

Ganz konkret könnten wir uns also in einer Situation, in der wir uns innerlich nicht stabil fühlen, überlegen: „Wie habe ich heute Nacht geschlafen? Was habe ich geträumt? Waren meine Träume schön oder schlimm? Wie fühlt sich jetzt, nach dem Aufwachen mein Körper an? Kribbeln meine Füße? Fühlen sie sich kalt an oder warm? Wie fühlen sich die Beine an usw.?“ So können wir uns erstmal Stück für Stück über den Zustand unseres Körpers bewusst werden, bevor wir uns fragen, wie es uns insgesamt geht. Fühlt sich unser Körper gut an, gibt uns das ein besseres Gesamtgefühl? Zieht und zwickt es dagegen, können wir uns ganz konkret überlegen, wie wir uns körperlich Gutes tun können, etwa durch eine warme (oder auch kalte) Dusche oder ein leckeres Frühstück mit einer Tasse Tee oder einem Cappuccino. Wir können an die frische Luft gehen, joggen oder eine Yoga-Übung machen. Die Zeit, die wir uns dafür nehmen, ist nie vergeudet, im

Gegenteil. Oft sind wir viel produktiver, entspannter und offener, wenn wir uns zunächst mit unserem körperlichen, geistigen und seelischen Zustand auseinandersetzen, uns um unser Wohlbefinden kümmern und bei uns gelandet sind. Das gilt vor allem in Phasen, in denen wir unter Druck stehen.

Maja Günther
Dieser Zustands-Check ist ebenso wichtig in Beziehungen zu Menschen, die uns Halt und Kraft geben. Ich kenne das auch von mir persönlich: Ich mache mit meinen Freundinnen und Freunden ganz unterschiedliche Dinge, aber bei Weitem nicht alles mit jeder oder jedem. Zum Beispiel habe ich eine Freundin, mit der ich gerne in die Berge gehe und wandere, eine andere wiederum würden keine zehn Pferde auf eine Bergwanderung bringen. Sie geht dafür gerne mit ins Café oder Kino. Und so überlege ich mir, was und auch wer heute für mich passt und mich bestärkt. Ich entscheide das für mich. Dazu gehört sogar, dass ich mich nicht verurteile, wenn ich eine geplante Aktion mit der gewünschten Person wieder absagen muss, weil es für mich dann doch nicht passt.

Dr. Andrea Sterr
Die Devise ist eh, dass wir nicht zu streng mit uns selbst sind. Die Welt ist schon streng genug. Statt diese Strenge zu verinnerlichen, ist es wirkungsvoller, uns mit Nachsicht und Rücksicht zu begegnen.

Maja Günther
Was uns guttut, uns stärkt und in Balance bringt, ist von Mensch zu Mensch unterschiedlich. Das zeigt schon die Zwillingsforschung: Die Bedürfnisse von den meisten Zwillingen weltweit gehen schon im Säuglingsalter auseinander. Abgesehen davon, können wir aber feststellen: Entscheidend für den Aufbau von innerer Stabilität ist es, aktiv zu werden und

etwas zu tun, bei dem wir uns selbst in unserer Umwelt spüren können, das uns erdet und zu uns kommen lässt.

Dr. Andrea Sterr
Und das in einer Haltung, dass wir uns anderen zumuten dürfen, selbst wenn es uns gerade nicht so gut geht. Denn das bedeutet, dass wir es anderen auch zutrauen, mit uns umgehen zu können, obwohl sie um unseren instabilen Zustand wissen. Es ist in Ordnung, denn jede und jeder kennt diesen Zustand ja auch von sich selbst.

Verbunden sein mit sich und der Welt, das macht uns innerlich stabil, offen und flexibel. Wie du das erreichst, erfährst du in den folgenden Kapiteln dieses Ratgebers.

Der Tanz des Lebens

Es ist besser, durchs Leben zu tanzen, als zu marschieren.

Yoko Ono

Leben ist Tanzen. Denn egal, ob Tanzbär oder Ballerina: Wir alle bewegen uns durch den Tanzsaal des Lebens. Mal ist die Musik schnell, und wir kommen außer Atmen, mal wiegen wir uns eher im Walzerschritt durch die Tage – und manchmal wird uns vor lauter Drehen wirklich schwindelig. Wie wir damit umgehen, kommt auf unsere Grundhaltung an: Stabil und gleichzeitig flexibel muss sie sein, damit wir auf all das, was im Leben geschieht, souverän reagieren können. Denn ändern sich die äußeren Umstände, die Musik oder die Tanzpartner, können wir uns mit der richtigen Grundhaltung wunderbar anpassen, aber trotzdem in unserer Schrittfolge bleiben. Die richtige Basis – eine innere Stabilität – verankert uns auf der einen Seite fest in uns selbst, schenkt uns aber auf der anderen Seite auch die nötige Geschmeidigkeit.

Was bringt uns aus dem Takt?

Egal, ob wir lieber Freestyle oder Standard tanzen: Manchmal kommen wir aus dem Takt. Die Gründe dafür können ganz unterschiedlich sein. Innere oder äußere Krisen lassen uns die Schritte vergessen oder die Musik schlechter hören, lenken uns ab oder lähmen uns schlimmstenfalls sogar. Dann geraten wir aus dem Takt, straucheln und stolpern, drohen sogar zu fallen, kommen aus der Balance. Vielleicht verlieren wir auch einfach die Lust am Tanzen, weil uns die Musik gerade nicht gefällt.

Ursachen, aus dem Takt zu geraten, gibt es viele: Abhängigkeiten von anderen Menschen, Depression oder Burnout, schlechte Gedanken oder negative Nachrichten. Es müssen aber nicht immer die großen Krisen sein, die uns aus dem Takt bringen. Manchmal ist es auch einfach der übervolle Alltag, das Hetzen durch den Tag, die Mental Load rund um Familien- und Haushaltsorganisation. Unser Alltag ist angefüllt mit vielen Pflichten, die unsere Energie brauchen, sie uns vielleicht sogar rauben und uns auslaugen. Manchmal ist das Leben so laut, dass wir die Musik gar nicht mehr hören können. Wir verlieren die Leichtigkeit, die wir vielleicht noch als Kinder spüren konnten. Hinzu kommen dann alltägliche Sorgen, eine ständige Anspannung, vielleicht sogar ein diffuses Gefühl, dass etwas nicht so richtig läuft. Auf lange Sicht geht das an die Substanz. Kleinigkeiten, die wir einzeln sehr gut wegstecken können, summieren sich zu einem großen Rauschen, das alles andere übertönt.

Woran merkst du, dass dein Leben aus dem Takt geraten ist? Vielleicht findest du dich in folgenden Aussagen wieder:

Ich kann nicht mehr genießen.

Ich grübele viel oder mache mir negative Gedanken.

Ich habe keine Freude mehr an Dingen, die mir früher Spaß bereitet haben.

Ich habe keine Lust, etwas zu unternehmen.

Mir ist vieles ganz einfach egal.

Ich bin müde und erschöpft.

Kleine Konflikte und große Krisen oder traumatische Situationen sind Erfahrungen, die alle Menschen im Laufe ihres Lebens machen. Der Alltag mit seinen ständigen Herausforderungen verlangt vielen von uns einiges ab – und wir gehen mit diesen Herausforderungen ganz unterschiedlich um. Jeder und jede von uns entwickelt andere Strategien. Den Umgang mit kleinen Belastungen und Konflikten sowie den großen Krisen speichern wir in einer Art „Krisengedächtnis“ ab, auf das wir im weiteren Verlauf unseres Lebens zurückgreifen können. Aktuelles Geschehen wird immer ganz automatisch mit der Vergangenheit abgeglichen.

Mit der Zeit entstehen so bestimmte Handlungsmuster, die unser Gehirn als „erfolgreich“ abgespeichert hat. Auf diese Weise werden wir durch unsere ganz persönlichen Erfahrungen zu einem Individuum – jede Situation, die wir erleben, prägt uns für unser weiteres Leben. Dabei kann sich unsere Persönlichkeit im Laufe der Jahre ganz unterschiedlich entwickeln: Während bei den einen eine bestimmte Situation zu einer vollkommenen Neubewertung des eigenen Verhaltens und Handelns führt, fühlt sich eine andere Person ganz und gar in ihren vergangenen Erfahrungen bestärkt und bleibt auf dem eingeschlagenen Pfad. Jeder Mensch geht mit schwierigen Situationen, Lebenskrisen und Belastungsphasen unterschiedlich um.

Wichtig dabei aber für uns alle eine psychische Balance, eine innere Stabilität, die uns durch diese Phasen tragen kann. Stell dir diese Stabilität vor wie dein Rückgrat beim Tanzen: Es hält dich aufrecht und ermöglicht dir, dich ganz flexibel an die Gegebenheiten der Musik anzupassen – allerdings nur, wenn du dich gut darum kümmerst, Muskeln aufbaust und dehnst. Genauso ist es, wenn belastende Situationen auftreten: Nur wenn du dich in einem stabilen seelischen Gleichgewicht befindest, kannst du auf diese Probleme gut reagieren.

Innere Stabilität und Resilienz

Diese beschriebene innere Stabilität ist auch Voraussetzung für eine Fähigkeit, die gerade in aktuellen Zeiten für uns sehr wichtig ist. Hast du dich schon mal gefragt, wie es manche Menschen schaffen, sich auch von widrigen Lebensumständen, Lebenskrisen und Schicksalsschlägen nicht unterkriegen zu lassen? Statt den Kopf in den Sand zu stecken, können sie kreativ und flexibel in Krisen reagieren, in denen andere sich hilflos fühlen. Belastungen erleben resiliente Menschen eher als Herausforderung denn als Problem oder unlösbare Krise. Sie erholen sich schneller von Fehlschlägen und Niederlagen als Menschen, die über eine geringe Resilienz verfügen.

Das heißt nicht, dass resiliente Menschen unverwundbar sind und keine Phasen der Verzweiflung durchmachen. Resiliente Menschen sind nicht immer gut drauf, und auch sie leiden, wenn sie mit unerwarteten Schicksalsschlägen kämpfen müssen. Sie besinnen sich jedoch nach einer gewissen Zeit wieder auf ihre Stärken und ihre Fähigkeit, mit traumatischen Erlebnissen und Schicksalsschlägen fertig zu werden. Sie bleiben auch in Krisenzeiten seelisch und körperlich gesund.

Menschen mit einer guten inneren Widerstandsfähigkeit verfügen über bestimmte Eigenschaften, um mit Schicksalsschlägen fertig zu werden. Dazu zählen:

- eine akzeptierende Haltung gegenüber dem, was passiert; eine unabänderliche Situation annehmen können
- eine zuversichtliche und optimistische Haltung gegenüber der Zukunft und dem Problem, nach dem Motto: Das Leben geht weiter. Es werden wieder bessere Tage kommen. Ich kann mit dem, was mir widerfährt, fertig werden und darüber hinwegkommen.
- die Überzeugung, Einfluss nehmen zu können, etwas tun zu können, um die Lebenskrise zu meistern und die eigene Lage zu verbessern
- die Bereitschaft, Verantwortung für sich und sein Leben zu übernehmen
- sich nicht als Opfer sehen, sondern aktiv werden; sich fragen: Was könnte ich tun, um damit fertig zu werden?
- die Bereitschaft, Hilfe zu suchen und anzunehmen

Die gute Nachricht ist: Das alles kannst du lernen – und zwar zu jedem Zeitpunkt in deinem Leben. Wir alle können lernen, schwierige Situationen aus eigener Kraft zu meistern, Krisen als Wendepunkt zu verstehen. Der beste Zeitpunkt: Jetzt! Egal, ob du dich gerade am Tiefpunkt einer Krise befindest oder dir einfach für den Alltag mehr Stabilität und innere Ruhe wünschst, du kannst zu jedem Zeitpunkt deines Lebens damit beginnen. Stärkst du deine eigene innere Stabilität, so schaffst du die besten Voraussetzungen, auf die nächste Krise resilienter reagieren zu können.

Sehen wir alles negativ?

Wahrscheinlich wirst du feststellen, dass eine positive Sichtweise gar nicht so einfach ist. Das geht nicht nur dir so, sondern allen Menschen – denn wir sind evolutionär darauf programmiert, negativen Gedanken mehr Aufmerksamkeit zu schenken als positiven. Dieser psychologische Effekt heißt „Negativity Bias", am treffendsten übersetzt mit Negativ-Tendenz, und beschreibt, dass und warum sich negative Gefühle, Gedanken oder Erlebnisse in unseren Köpfen, unserer Wahrnehmung und unserer Erinnerung weitaus stärker einprägen und auswirken als neutrale oder positive. Wir Menschen neigen dazu, unsere Aufmerksamkeit eher auf negativ erscheinende und negativ bewertete Ereignisse zu richten – denk nur an die Berichterstattung in den Nachrichten.

Das Problem dabei ist: Die ebenso vorhandenen positiven oder neutralen Ereignisse fallen in unserer Wahrnehmung und Erinnerung viel leichter unter den Tisch. In der Evolution war das sehr sinnvoll: Für die Menschen der Steinzeit war es nicht nur von Vorteil, sondern auch überlebenswichtig, sich an schlechte Erfahrungen zu erinnern und sich besonders gut zu merken, was gefährlich oder lebensbedrohlich war: Welche Früchte sind giftig und nicht essbar? Wo liegen viele Raubtiere auf der Lauer und können mir und meiner Sippe gefährlich werden? Wo ist der Fluss besonders reißend und kann mich mitziehen und ertrinken lassen? Dieses evolutionäre

Erbe bestimmt unsere Psyche bis heute, nur bringt es uns längst keinen Vorteil mehr und schützt auch nicht mehr unser Leben. Im Gegenteil, „Negativity Bias“ führt schlichtweg zu einer negativen Verzerrung unserer Realität. Salopp gesagt, sehen wir überall Gefahren und Bedrohungen und nur selten Chancen und Möglichkeiten, Schönes und Gutes. Was dagegen hilft, ist dem „Negativity Bias“ ganz bewusst und regelmäßig positive Erlebnisse und Erfahrungen entgegenzusetzen, zu üben, die schönen und glücklichen Momente im Leben wahrzunehmen und sich an sie zu erinnern. Das gelingt uns, ihnen im Alltag mit mehr Achtsamkeit begegnen und sie in unseren Gedanken manifestieren. Denn auch im noch so stressigen oder abgelebten Alltag gibt es sie, diese kleinen Momente, die das Leben wunderbar und aufregend machen.

Finde deine Stabilität

Kraft kann durch Krisen entstehen

Krisen, Belastungssituationen, psychische Probleme, Konflikte oder auch Schicksalsschläge haben die Kraft, uns aus der Bahn zu werfen, sie sind Ausnahmezustände und bringen uns ins Wanken, aus dem Takt. Das Gewohnte greift nicht mehr. Wir brauchen etwas Neues, eine andere Lösungsstrategie. Die damit verbundene Angst engt aber die Wahrnehmung tendenziell ein, und daher sind wir automatisch eher engstirnig als weitsichtig. Wir fallen zurück auf Notfall-Reaktionen. Es sei denn, wir trauen uns etwas zu.

Damit wir aber in der Lage sind, uns etwas zuzutrauen, brauchen wir Herausforderungen und krisenhafte Situationen. Nur so können wir Kompetenz zur Lösung zukünftiger Probleme entwickeln. Zunächst aber erschüttert jede richtige Krise erst einmal das bisherige Selbst- und Weltbild, besonders wenn bedeutsame Lebensziele bedroht sind. Gewohnte Bewältigungsstrategien funktionieren dann nicht mehr, es entstehen Gefühle von Angst und Hilflosigkeit mit den dazugehörigen Stresssypmtomen. Wir können nicht mehr klar denken, wichtige kognitive Funktionen sind blockiert und die Wahrnehmung eingeengt.

Im Chinesischen besteht das Wort Krise aus zwei Schriftzeichen, Wei und Ji. Wei bedeutet Gefahr, Ji steht für Gelegenheit und Chance. Wenn wir im Krisenmodus sind, spüren wir jedoch vor allem die Gefahr, eine häufig empfundene existenzielle Angst, die psychische Ausnahmesituation. Die Möglichkeit, eine Krise als Gelegenheit oder Chance zu erleben, erschließt sich meist erst viel später, nach einem mehrstufigen Erfahrungsprozess. Und dennoch kann jede und jeder von uns die Fähigkeiten zur Bewältigung von Krisen erwerben. Das kann dann – wenn es gelingt – in akuten Belastungssituationen dazu beitragen, das Spektrum der bisherigen Reaktionsmöglichkeiten zu erweitern.

Mit jeder Krise ist Angst verbunden. Angst kann, unabhängig von akuten Krisen, unendlich viele Ursachen haben und ebenso viele Gesichter. Dementsprechend gibt es auch viele Erklärungsmuster, je nachdem, auf welcher Ebene die Angst betrachtet wird: als körperlich-psychische Reaktion, als Persönlichkeitsmerkmal, als konkrete objektbezogene Furcht, als Phobie oder als nicht objektbezogener emotionaler Zustand. Wichtig ist auch die Unterscheidung zwischen krankheitswertiger, etwa psychotischer Angst und der Angst, die wir alle in unserem Leben im Alltag und durch belastende Lebensereignisse, akute Krisen und Bedrohungen erleben. Hier liegt der Schwerpunkt in diesem Buch, denn mit ihr können wir arbeiten. Wichtig ist, dass wir für uns festhalten: Angst an sich ist kein schlechtes Gefühl. Sie ist das Ergebnis einer individuellen Erfahrung und der daraus abgeleiteten Bewertung.

Wenn wir Angst nicht mehr als Bedrohung empfinden, können wir sie überwinden. Sie ist in einer akuten Situation der Schutzmechanismus unseres Körpers, der unser Überleben sichern soll. Wenn du verstanden hast, dass es nur die Angst ist, die dich in einer Krise hilflos macht, kannst du sie ausblenden und mit rationalem Blick auf die Geschehnisse blicken.

Kraftquellen

Aus jeder Krise können wir also etwas ziehen – auch wenn uns das erst im Nachhinein klar wird. Wenn wir uns bewusst machen, dass wir bereits in der Vergangenheit Krisen erlebt haben und was uns geholfen hat, diese Herausforderungen zu meistern sowie äußere und innere Belastungen und Krisen zu bewältigen, können wir genau das gezielt nutzen und ausbauen. Im Bereich der Psychotherapie wird all das, was im Inneren und Äußeren vorhanden ist und einer Person zur Verfügung steht, um die in ihr angelegten Potenziale entfalten zu können, Ressourcen genannt. Wir sehen die Arbeit mit Ressourcen vor allem unter dem Gesichtspunkt von konstruktiver Stressbewältigung. Anders gesagt zielt die Arbeit mit Ressourcen insgesamt auf die Stärkung der psychischen Widerstandskraft (Resilienz). Damit können auch schwere Belastungen und lang anhaltende Krisen bewältigt werden.

Ressourcenorientierung ist in den letzten Jahren sehr populär geworden. Womit dieser Begriff letzten Endes inhaltlich gefüllt wird, ist sehr unterschiedlich. Bei einem ressourcenorientierten psychotherapeutischen Vorgehen werden bereits von Anfang an gezielt die Kraftquellen eines Menschen aufgespürt und gefördert, nicht nur die Probleme und Symptome wahrgenommen und thematisiert. Dabei wird an stärkende individuelle Erfahrungen im Leben angeknüpft, oder es werden Fähigkeiten, Talente und Stärken aktiviert, die oftmals gar nicht bewusst waren. Es ist aber auch sinnvoll, objektive Ressourcen gezielt in den Blickpunkt zu rücken, etwa biografische, soziale, materielle, kulturelle und spirituelle.

Warum ist Ressourcenaktivierung so wichtig? Wir sind in erheblichem Maße in der Lage, durch das, was wir erleben und tun, unsere psychischen und körperlichen Reaktionen selbst zu „programmieren“. Diese Programmierung läuft in der Regel unbewusst ab und ändert sich ständig. Diese unbewussten inneren Programme bestimmen weitgehend, wie wir in einer konkreten Situation auf Belastungen reagieren. Diese Reaktionsmuster sind in Form neuronaler Netzwerke gespeichert, in Form von bestimmten Verbindungen und Wegen im Gehirn. Je intensiver wir nun einen bestimmten Weg gehen, desto mehr wird er ausgebaut, desto mehr werden unsere Erfahrungen und Reaktionen gebahnt und automatisiert. Dabei spielt die Stärke der emotionalen Erfahrung eine große Rolle. Bei der Bewältigung von Krisen und Angst kommt es entscheidend darauf an, welche Programme anspringen oder bewusst aktiviert werden können. Mit der Aktivierung von Ressourcen stärken und bahnen wir die Ressourcen-Netzwerke, die dann eher zur Bewältigung verfügbar sind und damit gleichzeitig Einfluss darauf nehmen, ob die Stressreaktion anspringt. Dadurch wird das in der konkreten Situation nutzbare Bewältigungspotenzial direkt erweitert.

Bei der Aktivierung von Ressourcen und den damit verbundenen positiven Emotionen geht es nicht etwa um Vermeidung und auch keinesfalls um das Prinzip „denk positiv“, „alles nicht so schlimm“ oder „wird schon wieder“. Gerade weil es so schlimm ist und wir in existentiellen Lebenssituationen meist weitreichende Entscheidungen treffen, ist es wichtig, als Ich, als Individuum mit kühlem Kopf und funktionsfähigem Gehirn zu handeln und dazu das ganze bisherige Erfahrungspotential zur Verfügung zu haben.

Sollten die persönlichen Ressourcen nur gering vorhanden oder nicht abrufbar sein, so gibt es noch zwei Basisressourcen, die jeder Mensch im Mutterleib schon kennengelernt hat: das Gefühl, dass es möglich ist, wieder Verbundenheit herzustellen und wachsen zu dürfen.

Deine Ressourcencheckliste

Ein Beitrag von Dr. Christa Diegelmann und Dr. Margarete Isermann

Um dir einen Überblick über deine ganz persönlichen Ressourcen zu verschaffen, kannst du B.E.R.L.I.N. zur Hilfe nehmen. Hier steht jeder Buchstabe für einen Bereich, in dem wir Quellen für unsere körperliche, seelische und geistige Kraft finden und ausbauen können. Das erhöht entweder unsere Resilienz oder die Fähigkeit, das Leben so anzunehmen, wie es gerade ist. So erkennst du, was wirklich verfügbar ist – und das ist meist mehr, als du an dunklen Tagen so denken würdest. Der Switch zum Aktivieren wird damit greifbar, denn vieles lässt sich mit Bordmitteln und ohne großen Aufwand anfangen. Genau das ist der große Nutzen von B.E.R.L.I.N..

B steht für Body

Das ist die Beachtung des eigenen Körpers, der gepflegt werden will. Ganz alltäglich sind das gute Ernährung, genügend Bewegung, aber auch Kleidung, die passt und schützt. Wenn das im grünen Bereich ist, kannst du dich um Verbesserungen kümmern: etwa mit einem Bad und anregenden Düften, aber auch mit meditativen Übungen aus dem Yoga oder Qi Gong.

E steht für Emotionen

Menschen sind evolutionsbedingt auf das Erkennen von Gefahren und ihre Bewältigung geprägt. Wir müssen gezielt etwas Energie aufwenden, um positive Erlebnisse wahrzunehmen. Das geht mit Fragen nach positiven Emotionen wie: Was bereitet mir Freude, was macht mich glücklich? Womit bin ich zufrieden, was erfüllt mich mit Stolz? Wie kann ich im Alltag achtsam sein? Und wie gelingt es mir, in schwierigen Situationen Zuversicht und Hoffnung zu spüren? Das zu tun, verbraucht nur so wenig Energie wie eine LED-Leuchte.

R steht für Ressourcen

Das betrifft jetzt die konkrete Haben-Seite: Wen kann ich fragen, und wer hilft mir (soziale Beziehungen), wie bin ich versorgt (finanzielle Absicherung, Erwerbsarbeit), was kann ich mir zumuten (Gesundheit)? Das Hinschauen ermöglicht es, sowohl die notwendigen Abstriche besser hinzunehmen als auch neue Impulse zu entdecken und umzusetzen.

L steht für Liebe

Gemeint ist Liebe im weiten Sinne, also alles wie Nähe, Partnerschaft, Freundschaft, Vertrauen – all das, was uns Geborgenheit spendet. Auch Sinnerleben gehört dazu, Spiritualität oder Glaube. L wie Liebe erfasst die Resonanz mit dem ganzen Universum und das Wissen, dass keiner wirklich ganz allein ist.

I steht für Imagination

Hier wird die Vorstellungskraft unseres Gehirns genutzt, und zwar alles, was gefällt und funktioniert: Meditation und Traumreisen machen, Wohlfühl-Orte im Geiste aufsuchen, Selbstberuhigung durch Verfahren wie autogenes Training, wohlwollende Selbstgespräche zur Anerkennung und Ermutigung.

N steht für Natur
In der Natur sein und sich mit ihr verbinden, das ist hier der Appell. Tag und Nacht, Sonne und Wolken, Kälte und Wärme, Bäume und Gärten, Meer und Berge – was immer Kraft und Gelassenheit vermittelt, soll hier die gebührende Aufmerksamkeit bekommen.
B.E.R.L.I.N. ist ein vielfach erprobtes und wirksames Instrument aus der Psychoonkologie, also der psychotherapeutischen Betreuung und Begleitung von Menschen mit Krebserkrankungen. Aber auch ohne eine schwere körperliche Erkrankung wie Krebs lässt sich dieser Anstoß zur Aktivierung einsetzen. Ziel ist ein positiver Blick auf das eigene Leben. Mithilfe von B.E.R.L.I.N. wird der eigene Blick umgelenkt auf das, was da ist, negative Aspekte rücken so aus dem Fokus. Das bringt Stärkung, vielleicht sogar Trost, und hilft, mit wiederentdeckter Achtsamkeit wieder etwas Kraft für die nächste Zeit zu schöpfen.

Nützliche Fragen

In der gleich folgenden Liste sind beispielhaft eine Reihe von Fragen dargestellt, die dir bei der Identifikation bestehender bzw. der Nutzung neuer Ressourcen helfen können. Lass dich hier überraschen, welche Quellen du nutzen kannst, um dich selbst zu stabilisieren. Oft denken wir gerade in Notsituationen nur an Naheliegendes. Die folgende Liste geht einen Schritt tiefer und deckt ganz unterschiedliche Bereiche des Lebens ab, die dir vielleicht bisher noch gar nicht in den Sinn kamen.

Persönliche Ressourcen

- Was machst du gerne?
- Welche Hobbys hast du?
- Worüber freust du dich?
- Was sind deine besonderen Fähigkeiten?

Soziale Ressourcen

- Wie ist dein Verhältnis zu XY?
- Bei wem würdest du dir Rat holen?
- Wer sind deine Freunde?
- Gibt es jemanden in der Arbeit bzw. Schule, der dir wichtig ist?

Materielle Ressourcen

- Welches Geld hast zur Verfügung? Was musst du damit finanzieren?
- Hast du ein eigenes Zimmer, einen Schreibtisch, einen Computer?

Infrastrukturelle Ressourcen

- Welche Freizeitmöglichkeiten gibt es in der Umgebung?
- Welche Unterstützungsangebote gibt es in der Umgebung?
- Welche Arbeits-/Tätigkeitsmöglichkeiten gibt es in der Umgebung?

Körperliche Ressourcen

- Körperliche Konstitution (Fitness, Beweglichkeit, Gesundheit, körperliche Kräfte etc.).

- Geistige Fähigkeiten (geistige Beweglichkeit, Ideenreichtum, Phantasie, Kreativität etc.)
- Emotionale Fähigkeiten (emotionale Ausdrucksfähigkeit, Sensibilität, Kontaktfreudigkeit)
- Bildung (Schulabschluss, Berufsabschluss, Hochschulabschluss, Qualifikationen etc.)
- Eigene Motivationen
- Eigene Erfahrungen
- Glaubenssysteme

Soziale Ressourcen

- Beziehungen in der engeren Familie (Mutter, Vater, Geschwister, Stiefeltern etc.)
- Beziehungen im weiteren Familienkreis (Großeltern, Tante, Onkel, Cousin/e etc.)
- Beziehungen im Freundeskreis (sog. Beste/r Freund/in, hilfreiche Freundschaften etc.)
- Beziehungen in der Nachbarschaft (Kontakte zu Nachbarn, Unterstützung/Aushilfe etc.)
- Beziehungen zu einzelnen/mehreren Personen (durch Vereine, Schule, Arbeit etc.)
- Nützliche Beziehungen (nah oder entfernt wohnende Bekannte, die unterstützen/helfen)

Materielle Ressourcen

- finanzielle Situation (ausreichendes, stabiles Einkommen, Sparbuch etc.)
- Besitz/Eigentum (Haus und Grund, Schrebergarten etc.)
- Wohnung (Größe, Mobiliar, technische Ausstattung etc.)

- Fortbewegungsmittel (Fahrrad, Mofa, Motorrad, Moped, Auto etc.)

Infrastrukturelle Ressourcen
- Verkehr (ÖPNV-Verbindung, Wohn- und Spielstraßen, Parkplätze etc.)
- Einkaufsmöglichkeiten in der näheren Umgebung
- Dienstleistungsangebote in ausreichender Form (Ärzte, Ämter, Kindertagesstätten etc.)
- Spiel- und Freizeitmöglichkeiten (Spielplätze, Freizeiteinrichtungen, Vereine etc.)
- Schule und Ausbildung
- Arbeitsplätze
- Wohnen
- Kommunikationsorte

Nun hast du einen Überblick über deine ganz persönlichen Stärken, Fähigkeiten, Kompetenzen, Talente oder auch Eigenheiten, Besitztümer, Kontakte und Wissen. Oder anders: eine ganz persönliche Aufstellung der wichtigsten Aspekte in deinem Leben, die für dein seelisches Wohlbefinden verantwortlich sind und die dich bei Herausforderungen unterstützen. Mit Hilfe deiner Ressourcen kannst persönliche Krisen überwinden, Veränderungen meistern, Ziele erreichen und Lösungswege entwickeln. Ob du etwas in deine Ressourcenaufstellung mit aufnehmen möchtest, entscheidest nur du selbst – eine Ressource wird nur dann dazu, wenn sie als solche wahrgenommen wird. Ob du eine Ressource als solche interpretierst, hängt immer von der persönlichen Situation und vom Kontext ab.

Jetzt kannst du dich noch intensiver mit deiner Aufstellung auseinandersetzen. Frage dich:

- Welche Ressourcen sind dir besonders wichtig?
- Verfügst du über diese Ressourcen, die dir besonders wichtig sind?
- Wenn ja, wie nutzt du sie? Wenn nein, dann überlege, wie du sie aufbauen könntest. Wer könnte dir dabei helfen?

Besondere Situationen

Wenn du eine ganz bestimmte Situation lösen oder eine Herausforderung meistern möchtest, können dir außerdem die folgenden Fragen helfen, strukturiert und rational heranzugehen:

Hat es schon einmal geklappt, mit dieser problematischen Situation gut umzugehen? Was hast du damals getan?

- Hast du Ideen dazu, was dich der Lösung dieser Problemstellung näher bringen könnte?
- Wen könntest du nach Unterstützung fragen?
- Was könnte dir dabei helfen, deine Ziele zu erreichen?
- Was wäre nach deiner Einschätzung ein nächster Schritt in Richtung Lösung der Problemstellung?
- Was sagt dein Umfeld von dir, das du besonders gut kannst? Könntest du das für die Lösung der aktuellen Situation einsetzen?
- Welche deiner Fähigkeiten könnten dir dabei helfen, einen Schritt weiter zu gehen? Woran würdest du erkennen, dass du einen Schritt in Richtung Lösung des Problems gemacht hast?

- Angenommen, du hättest beschlossen, dein Verhalten an die neue Situation anzupassen: Was würdest du morgen anders machen?
- Was ist dein nächster konkreter Schritt zur Lösung des Problems? Wann möchtest du damit beginnen?

Alltag in der Krise

Gerade in einem vollgepackten Alltag, der vor Aufgaben, die erledigt werden wollen, nur so strotzt, verlieren wir oft den Blick fürs Positive. Wir arbeiten nur noch die To-do-Liste ab, die sich aber wie durch Zauberhand immer wieder aufs Neue füllt. So fühlen wir uns schnell wie in einem Hamsterrad: Kaum ist mit großer Kraftanstrengung ein Teil der Liste erledigt, wartet auch schon die nächste Aufgabe, und das Spiel geht von vorne los: putzen, kochen, mit dem Hund spazieren gehen, die Betten frisch beziehen, mit der Krankenversicherung telefonieren, die Steuererklärung machen ... Das sind für die meisten Menschen keine Tätigkeiten, auf die sie sich mit Begeisterung stürzen. Stattdessen werden sie lustlos ausgeführt, vielleicht sogar aufgeschoben, womit sie allerdings noch viel größer und nerviger werden.

Wenn es gelingt, deinen Fokus auf das positive Ergebnis zu lenken, statt die Gedanken in Dauerschleife um die Unlust oder den Ärger kreisen zu lassen, bringt es dir für eine große Erleichterung. Viele Menschen können sich mit dem Erledigen des Haushalts deswegen arrangieren, weil sie sich auf das Ergebnis freuen: Die Wohnung glänzt, die Wäsche ist gewaschen. Auch Kochen kann mehr Zufriedenheit auslösen, wenn wir uns dafür Zeit nehmen und die jeweilige Speise mit Liebe zubereiten, anstatt gestresst ein paar x-beliebige Zutaten in den Topf zu werfen. Denn die Achtsamkeit und Wertschätzung, die wir unseren Tätigkeiten entgegenbringen, bekommen wir wieder zurück. Ein liebevoll zubereitetes Essen sorgt für ein besseres Gefühl als ein hastig reingestopftes Butterbrot.

Übung: Spüre die Anspannung

- Nimm einen beliebigen mittelschweren Gegenstand in die Hand und strecke den Arm aus.

- Halte den Arm ausgestreckt nach vorn, solange du kannst. Spürst du die Anspannung in den Muskeln? Vielleicht wird der Arm mit der Zeit schwer und fängt an zu zittern. Irgendwann meinst du, es nicht mehr aushalten zu können – alles tut weh!

- Nimm diesen Schmerz bewusst wahr und machen dir klar, dass eine Krisenbegleitung unter Anspannung nichts anderes als ein ausgestreckter Arm ist: Die Muskeln verkrampfen, der Arm fängt an zu zittern, die Kräfte schwinden, der Schmerz breitet sich überall aus.

- Alles konzentriert sich auf den Gegenstand in deiner Hand und die Qualen, die du erleidest. Wenn du nicht lernst, loszulassen und für Regeneration zu sorgen, wirst du den Gegenstand in der Hand – im übertragenen Sinn dich selbst und deine Umgebung – nach einer gewissen Zeit fallen lassen müssen.

Exkurs: Humor als Ressource

Ein Beitrag von Dr. Christa Diegelmann und Dr. Margarete Isermann

Lachen ist gesund! Das belegen zahlreiche wissenschaftliche Studien: Lachen kurbelt das Herz-Kreislauf-System an, unsere Organe werden kräftig massiert, die Produktion von schmerzstillenden und entzündungshemmenden Stoffen wird angekurbelt. Kurz, die positiven Auswirkungen von Humor und Lachen auf unseren Körper sind überwältigend. Aktuelle neurobiologische Forschungsergebnisse untermauern außerdem die Bedeutung positiver Emotionen für die psychische Gesundheit. Humor kann dabei einerseits zu einer unmittelbaren Stressreduktion führen und andererseits den spielerischen Zugang zu einem Perspektivenwechsel und zu größerer kognitiver und emotionaler Flexibilität eröffnen. Wenn du mal „nichts zu lachen hast“, ist es hilfreich, auf bereits gebahnte Humor-Ressourcen-Netzwerke zurückgreifen zu können. Denn Humor kann dir dabei helfen, die Blickrichtung zu ändern. Die Fähigkeit zum Perspektivenwechsel ist ebenfalls ein elementarer Baustein auf dem Weg zur Förderung von Resilienz.

Übung: Deine Humorressourcen

Nimm dir ein paar Minuten Zeit zum Innehalten. Atme tief ein und dann wieder erholsam aus. Du kannst dabei einmal ganz bewusst beim Ausatmen das kleinstmögliche Lächeln auf deinen Lippen entstehen lassen. Nachdem du diesen Wechsel von Einatmen und Ausatmen und Lächeln einige Male bewusst gespürt hast, versuche, dich jetzt einmal daran zu erinnern, was dir zum Thema Humor spontan einfällt.

Wenn du bereits über gut gebahnte „Humor-Synapsen“ im Gehirn verfügst, dann werden dir gleich mehrere Humorerfahrungen einfallen. Wenn das nicht so ist, kannst du einmal versuchen, zu erinnern, wann du das letzte Mal so richtig von Herzen lachen konntest. Wenn dir auch dazu keine Erinnerung einfällt, kannst du dir immerhin vorstellen, wie es wäre zu lachen, denn die gute Nachricht lautet: Selbst wenn wir un, selbst nur als lachend imaginieren, ohne es wirklich zu tun, verbessert das die individuellen Glücksgefühle.

Wenn du möchtest, kannst du die angenehmen Humorgefühle noch mit bilateralem Tapping verankern, z.B. durch abwechselndes Rechts-links-Berühren der Knie oder Oberschenkel mit den Händen, ca. acht- bis zehnmal. Dadurch hilfst du deinem Gehirn, im Hier und Jetzt zu sein: Durch die beidseitige Ausführung werden beide Gehirnhälften gleichermaßen stimuliert und aktiviert, die Gehirnaktivität wird harmonisiert.

Übrigens: Weitere Übungen und Checklisten, um deine Ressourcen zu überprüfen und zu aktivieren, findest du auf der Website des von Christa Diegelmann und Margarete Isermann gegründeten ID-Instituts für innovative Gesundheitssysteme: https://www.idinstitut.de/aktuelles.php

Dein eigener Rhythmus

Selbstachtung und Selbstvertrauen

Ein Beitrag von Dr. Doris Wolf

Stell dir vor, wie du durch dein Leben tanzen willst. Wie siehst du dich? Wahrscheinlich nicht mit hängenden Schultern und gesenktem Kopf, sondern aufrecht, mit geradem Rücken und offenem Blick – voller Selbstvertrauen. Denn es gibt etwas in deinem Leben, das du nicht kaufen kannst und das dir kein anderer Mensch geben kann. Es ist das Wertvollste, das du besitzen kannst. Die Rede ist von einer gesunden Selbstachtung und einem gesunden Selbstvertrauen, das sich automatisch einstellt, wenn du dich selbst akzeptierst.

Ein Fallbeispiel

Saskia ist 22 Jahre alt. Sie kam in Therapie wegen verschiedener Probleme: starke Depressionen, Hemmungen und Unsicherheiten, Erröten. Begonnen hatten ihre Probleme im Alter von 14 Jahren. Saskia war damals mit ihrem Äußeren sehr unzufrieden und hatte Hemmungen, sich mit Gleichaltrigen zu treffen. Später traute sie sich nicht, mit Männern Kontakt aufzunehmen und mit diesen ein Gespräch zu führen. Zeigte ein Mann Interesse an ihr, dann verhielt sie sich abweisend und unnahbar. Sie tat das nicht, weil sie sich keinen Kontakt wünschte. Nein, sie wünschte sich sehnlichst eine Partnerschaft. Sie hatte jedoch Angst, sich mit Männern enger einzulassen, weil sie befürchtete, diese könnten erkennen, dass sie der minderwertige und unattraktive Mensch sei, für den sie sich selbst hielt.

Vor sich selbst rechtfertigte sie ihre abweisende Haltung damit, dass sie sich sagte: „Der kann nur keine Bessere finden", oder: „Der will ja nur das Eine." Auf diese Weise verbaute sich Saskia jede Beziehung zu einem Mann und fühlte sich einsam.

Woher kommt eine geringe Selbstachtung? In den ersten Lebensjahren sind wir emotional und körperlich von unseren Eltern abhängig. Wir können noch nicht für uns selbst sorgen und brauchen unsere Eltern und Erzieher, um überleben zu können. Deshalb dürfen wir es uns auch nicht mit ihnen verscherzen. Wir müssen uns an deren Spielregeln halten und diese befolgen. Unsere Anpassung und Unterordnung ist im wahrsten Sinne überlebensnotwendig. In diesem Stadium unserer Entwicklung lernen wir, die Kritik unserer Eltern und Erzieher bezüglich unserer Fehler und Schwächen zu übernehmen und uns selbst für unsere Fehler und Schwächen, unsere vermeintliche Unvollkommenheit, zu verurteilen. Erst haben uns die Eltern gesagt, was wir nicht tun sollten und was schlecht ist, später verinnerlichen wir die Worte und sagen uns selbst: „Das tut man nicht. Das ist schlecht. Du solltest das nicht tun. Du solltest ... sein." Kommen dir folgende Äußerungen bekannt vor?

Was hast du dir nur dabei gedacht?

Aus dir wird nie etwas werden.

Mit dir hat man nichts als Ärger.

Mit dir muss man sich schämen.

Du bist ein Tollpatsch.

Du bist ein Versager.

Du bist wohl nicht ganz bei Verstand.

Du bist stinkfaul.

Kannst du zur Abwechslung auch mal was richtig machen?

Du machst mich verrückt.

Du bist undankbar.

Du bringst mich noch ins Grab.

Je öfter wir solche Worte oder Sätze hörten, desto mehr hatten wir als Kind den Eindruck, etwas müsse mit uns nicht stimmen. Wir dachten: Wenn ich in Ordnung wäre, dann würden die Erwachsenen oder meine Eltern doch nicht so mit mir reden und mich so behandeln. Also muss mit mir etwas nicht stimmen, wenn sie permanent so über mich und mit mir sprechen. Wir verinnerlichen diese Ablehnung und Abwertung sogar so sehr, dass wir als Erwachsene unsere Unvollkommenheit nicht in Frage stellen. Unsere selbstabwertenden Gedanken fühlen sich ebenso richtig und zu uns gehörig an wie unsere Arme und Beine. Wir kommen deshalb gar nicht auf die Idee, dass unsere Selbstablehnung ungerechtfertigt sein könnte. Und wir übersehen, dass die Einhaltung vieler Gebote und Verbote unserer Eltern für uns als Erwachsene nicht mehr sinnvoll und nützlich ist. Und schon gar keinen Sinn ergibt es, dass wir uns für die Verletzung von Verboten, die für uns keine Richtigkeit haben, in Form von Selbstablehnung oder gar Selbsthass bestrafen.

Noch sehr viel wichtiger ist jedoch etwas anderes: Als Kinder waren wir nicht unvollkommen, hatten wir keine Fehler und Schwächen – außer klein und unerfahren zu sein. Unsere „Fehler" und „Schwächen" bestanden darin, dass wir die Spielregeln der Erwachsenen nicht kannten und/oder nicht so waren, wie unsere Eltern und Erzieher uns haben wollten. Durch die Androhung von Liebesentzug oder tatsächlichen Liebesentzug folgerten wir, wir seien unvollkommen und nicht gut genug, um geliebt zu werden. Wir behandeln uns heute so, wie schon unsere Eltern uns behandelt haben. Und noch etwas lernen wir: Ohne Bestrafung keine Veränderung. Wir denken: Wenn ich mich selbst nicht für meine Fehler, Schwächen und Unvollkommenheit verurteile und bestrafe, dann werde ich diesen Fehler immer wieder machen, und vielleicht wird dann alles noch schlimmer.

Die Vorstellung, sich trotz eigener Fehler und Schwächen gut zu fühlen, wurde für uns unvorstellbar. Nur durch Selbstbestrafung, so denken wir, werden wir zu guten Menschen. Wir tun, sagen oder denken etwas Schlechtes, fühlen uns schuldig und bestrafen uns für unsere Unvollkommenheit, um sicherzugehen, dass wir nicht noch einmal so denken, fühlen und handeln. Wenn wir so mit uns umgehen, dann tun wir das Gleiche, was auch unsere Eltern taten.

Viele Menschen kommen sich ihr ganzes Leben lang unvollkommen und minderwertig vor, haben das

Gefühl, mit ihnen stimme etwas nicht. Wenn wir zurückkehren zum Bild des Tanzens, dann können wir die Auswirkungen eines geringen Selbstwertes sehr gut erkennen. Denn wie tanzt jemand, der oder die sich nicht wohl fühlt in der eigenen Haut, der oder die daran zweifelt, ob die Schritte beim Tanzen richtig gesetzt werden? Wahrscheinlich macht sich diese Person klein, zieht die Schultern zusammen und macht nur sehr kleine Schritte. Im Tanz des Lebens resigniert sie und fühlt sich deprimiert, oder aber sie versucht Tag für Tag zu einem Tänzer oder einer Tänzerin zu werden, die sie glaubt, sein zu müssen, um sich endlich akzeptieren zu können und um endlich von anderen akzeptiert zu werden. Und viele Menschen wissen noch nicht einmal genau, was mit ihnen nicht stimmt. Sie haben einfach nur permanent das dumpfe Gefühl, minderwertig und nutzlos zu sein, und hassen sich dafür.

Die Auswirkungen einer geringen Selbstachtung

Die Auswirkungen einer geringen Selbstachtung sind so vielfältig:

Angst- und Panikgefühle
Menschen, die sich ablehnen, können vielfältige Ängste empfinden. Die häufigsten sind: Angst vor Ablehnung; Angst vor Kritik; Angst vor Nähe; Angst zu versagen; Angst, Fehler zu machen; Angst vor Misserfolg; Angst vor Erfolg; soziale Ängste; Angst, (falsche) Entscheidungen zu treffen; Angst, sich lächerlich zu machen; Angst, seine Gefühle zu zeigen; Angst, nicht gut genug zu sein; Angst vor Neuem; Verlustangst.

Depressionen, Hilflosigkeit, Scham- und Schuldgefühle, Ärger über sich und andere (eine Negativspirale)
Selbstablehnung führt zwangsläufig zu Depressionen. Wer sich selbst für Fehler verurteilt und denkt, wertlos zu sein, die oder der sieht keine Chance, sich zu ändern, fühlt sich hilflos, bemitleidet sich, und macht sich in Folge dessen Schuldgefühle und Vorwürfe, so wenig aus sich zu machen. Schließlich ärgert sich die Person sich über sich selbst, dass sie so schwach war und ist. Das kann in einer Depression enden. Und je deprimierter diese Person ist, desto weniger sie auf die Reihe kriegt, desto wertloser fühlt sie sich, desto mehr geht ihre Selbstachtung in den Keller, und desto schwerer werden die Depressionen.

Überempfindlichkeit, sich verletzt, angegriffen und gekränkt fühlen
Menschen, die schlecht von sich denken, fassen vieles, was andere tun oder sagen, als Ablehnung und Kritik auf, weil sie ihren Mitmenschen unterstellen, dass diese auch negativ über sie denken. Wieso, so denkt man, sollen andere das Nicht-Liebenswerte und das Nicht-Perfekte lieben? Das hat zur Folge, dass Menschen, die sich ablehnen, sich ständig bedroht, in Gefahr, angegriffen und verletzt fühlen. Dadurch, dass sie sich schnell persönlich angegriffen und verletzt fühlen, sind sie schnell beleidigt und gekränkt. Ihr Nervenkostüm ist sehr labil.

Mangelndes Selbstbewusstsein, Schüchternheit
Menschen mit geringer Selbstachtung haben Angst, andere könnten sie ablehnen, wenn sie selbstbewusst auftreten, nein sagen oder ausdrücken, was sie möchten. Deshalb sind sie eher schüchtern und halten sich im Hintergrund. Sie schlucken ihren Ärger über sich und andere hinunter, bis sich so viel Ärger in ihnen angestaut hat,

dass sie vor Wut platzen und sie aggressiv, sarkastisch oder gewalttätig reagieren, was sie dann natürlich wieder an sich verurteilen, und was in ihnen noch mehr das Gefühl erzeugt, nicht in Ordnung zu sein. Manche Menschen mit einem geringen Selbstwertgefühl reagieren passiv-aggressiv, das heißt, sie drücken ihren Ärger nicht direkt aus, sondern eher indirekt. Sie reden schlecht über andere, sie manipulieren andere, machen anderen Schuldgefühle.

Es gibt aber auch Menschen mit einem geringen Selbstwertgefühl, die arrogant, betont selbstsicher, ja geradezu aggressiv auftreten und so den Eindruck erwecken, eine starke Persönlichkeit zu sein.

Eifersucht, Verlustangst, Klammern
Eifersucht ist immer die Folge einer geringen Selbstachtung. Wenn du denkst, nicht gut genug und nicht attraktiv genug zu sein, dann ist es verständlich, wenn du Angst hast, die Partnerin oder der Partner könne jemand anderen attraktiver finden als dich und dich verlassen. Es sind die Zweifel an der eigenen Attraktivität, die uns ständig daran zweifeln lassen, für die Partnerin oder den Partner anziehend zu sein. Die Angst, nicht mehr attraktiv zu sein, führt zu Verlustangst und all den Begleiterscheinungen der Eifersucht.

Perfektionsstreben, krankhaftes Streben nach Erfolg
Manche Menschen mit einer geringen Selbstachtung wollen sich und anderen stets beweisen, dass sie nicht minderwertig sind, indem sie sich bemühen, alles perfekt zu machen und Fehler zu vermeiden. Sie wollen Erfolg um jeden Preis, sind aber nie oder nur kurz mit dem Erreichten zufrieden. Der Gedanke, noch nicht

genügend geleistet zu haben, kehrt schnell zurück. Ihr Hunger nach Bestätigung wird durch keinen noch so großen Erfolg gestillt.

Immer Recht haben wollen, alles besser wissen, auf andere herabschauen, andere geringschätzig behandeln, arrogant sein. Diese Verhaltensweisen dienen dem Selbstschutz. Wer sich selbst erhöht und sich für klüger und besser hält als die anderen, bekommt das Gefühl, diesen Menschen überlegen zu sein. Dieses Verhalten soll verhindern, selbst allzu häufig und zu stark mit den eigenen Minderwertigkeitsgefühlen in Berührung zu kommen.

Stress, berufliche Probleme

Wer ständig Angst hat, einen Fehler zu machen oder abgelehnt zu werden, steht andauernd unter Strom, ist angespannt und nervös. Der Körper ist dann in einem permanenten Alarm- und Stresszustand und reagiert mit den bekannten Stresssymptomen wie zum Beispiel hohem Blutdruck, Herz-Kreislauf-Beschwerden, Magen- und Darmbeschwerden oder Schlafstörungen.

Menschen, die ihre geringe Selbstachtung durch besondere und herausragende Leistungen und Erfolge kompensieren wollen, fühlen sich ständig getrieben und rastlos, achten meist wenig auf ihre Gesundheit, überfordern sich leicht und erkranken deshalb nicht selten an einem Burnout. Menschen mit einer geringen Selbstachtung bringen es im Leben entweder sehr weit oder sie bleiben weit hinter ihren Möglichkeiten zurück. Aufgrund der Angst, zu versagen, oder der Angst, nicht zu genügen, nehmen sie keine Herausforderungen an und engagieren sich kaum. Wieder andere versuchen verbissen, sich und anderen durch ihre Erfolge und Leistungen zu beweisen, dass sie jemand sind und es zu etwas bringen können. Sie sind besonders gefährdet, ein Workaholic zu werden.

Partnerschaftsprobleme, Beziehungsprobleme

Wenn wir Beziehungsprobleme haben, sei es mit Freunden oder der Partnerin oder dem Partner, dann ist die Hauptursache dafür meist ein geringes Selbstwertgefühl. Wir fühlen uns nämlich nur in dem Maße von anderen akzeptiert und geliebt, wie wir uns selbst annehmen und lieben. Gelingt das nicht, kommt es zu Vorwürfen, Streitereien und Partnerschaftsproblemen. Hinzu kommt: Wenn wir schlecht von uns denken und uns geringschätzen, versuchen wir vielleicht umso mehr, anderen zu gefallen, und tun vieles nur, um ihn oder sie nicht zu verlieren und geliebt zu werden. Honoriert unser Gegenüber unsere Bemühungen nicht (ausreichend), dann fühlen wir uns ausgenutzt, ärgern uns über unsere Blödheit, dass wir anderen so viel geben, ärgern uns über die Partnerin oder den Partner, dass sie oder er unseren Einsatz so wenig honoriert und wir so wenig zurückbekommen.

Menschen mit einer geringen Selbstachtung neigen dazu, sich emotional und körperlich missbrauchen zu lassen. Wenn sie sich für wertlos und minderwertig halten, dann denken sie, sie hätten es verdient, schlecht behandelt zu werden. Meinst du nicht auch, dass es sich angesichts dieser vielen schädlichen Auswirkungen einer geringen Selbstachtung lohnt, sich selbst mehr anzunehmen? Wenn ja, findest du im Folgenden einige Strategien und Übungen, die dir helfen können, deine Selbstachtung und dein Selbstvertrauen zu stärken.

Wege zu einer positiven Selbstachtung

Manche der hier vorgestellten Strategien und Übungen werden dir leichtfallen, andere werden dich Überwindung kosten. Die Übungen, die dir schwerfallen, sind vermutlich diejenigen, die am wichtigsten für dich sind. Lass uns beginnen.

1. Höre auf, dir gegenüber Worte zu gebrauchen wie: Idiot, minderwertig, wertlos, Niete, Null, Versager, dumm, unattraktiv.

Wenn du anderen etwas sagst, dann überlegst du sicherlich sehr genau, welche Worte du verwendest. Du wirfst einem Menschen, den du magst, auch keine abwertenden und erniedrigenden Worte an den Kopf. Tu es auch nicht dir selbst gegenüber. Geh mit dir ebenso freundlich, zuvorkommend und tolerant um, wie du auch mit deinem besten Freund umgehst. Es gibt keine allgemeingültige Norm, nach der der Wert eines Menschen beurteilt werden kann. Das Einzige, was wir von allen Menschen sagen können, ist, dass sie fehlerhaft sind.

Akzeptiere dich deshalb mit deiner Unvollkommenheit. Akzeptiere, dass du Fehler und Schwächen hast. Kein Grund, deshalb sauer auf dich zu sein. Durch Selbstvorwürfe und harsche Selbstkritik streust du nur Salz in die Wunde. Hol dir lieber ein seelisches Pflaster, indem du Verständnis und Mitgefühl für dich zeigst. Wenn du dich in einer Situation minderwertig fühlst, dann hinterfrage deine Gedanken: Stimmt das? Entspricht es den Tatsachen, dass ich minderwertig, dumm, unattraktiv usw. bin? Die Antwort darauf kann immer nur lauten: Nein, ich denke das nur, und deshalb fühle ich mich auch so.

Formuliere hilfreiche Gedanken, die den Tatsachen entsprechen und dir helfen, sich besser zu fühlen. Solche Gedanken könnten lauten: Ich habe meine Fehler und Schwächen. Die hat jeder. Kein Grund, mich deshalb zu verurteilen. Ich bin genauso wertvoll und liebenswert wie jeder andere auch.

2. Trenne dein Verhalten von deiner Person.
Wenn du etwas Dummes tust, dann bist du nicht dumm. Wenn du etwas Schlechtes tust, dann bist du nicht schlecht. Das Schlimmste, was du von dir sagen kannst, ist, dass du ein fehlerhafter Mensch bist. Durch einen oder mehrere Fehler und Schwächen wird nicht deine ganze Person in Frage gestellt. Ein Fehler, den du begehst, ist nur eine Momentaufnahme, vergleichbar mit einem Foto. Ein Foto zeigt dich nur in einem Moment deines ganzen Lebens. Die Vergangenheit und die Zukunft sind davon nicht betroffen.

Statt zu sagen: „Ich bin dumm.“, sag in Zukunft: „Ich habe etwas Dummes getan.“ Statt zu sagen: „Ich bin ein Versager.“, sage: „In dieser Situation war ich nicht erfolgreich.“

3. Lobe dich regelmäßig für Dinge, die du gut machst
Sei nicht zu streng in der Auswahl der Dinge, für die du dich lobst. Mach dir mindestens einmal täglich das Geschenk eines Lobes. Tu es gleich jetzt: Lobe dich für etwas, was dir heute gelungen ist, oder, falls du nichts dergleichen finden kannst (weil du noch so streng mit dir bist), dafür, dass du dich bemüht hast, etwas Bestimmtes zu tun.

4. Notiere dir zehn Eigenschaften und Verhaltensweisen, wegen derer du dich sehr häufig verurteilst oder ablehnst.

Dann nimm dir jeden einzelnen Punkt deiner Liste nacheinander vor und sage dir wohlwollend und mit einem Lächeln (!) auf den Lippen: „Auch wenn ich manchmal … (eine der Eigenschaften, für die du dich häufig verurteilst) bin, verzeihe ich mir das. Ich bin liebenswert, auch wenn ich nicht perfekt bin.“ Also zum Beispiel: „Auch wenn ich manchmal aufbrausend und ungerecht bin, verzeihe ich mir das. Ich bin liebenswert, auch wenn ich manchmal aufbrause.“ Oder: „Auch wenn ich manchmal neidisch bin, verzeihe ich mir das. Ich bin liebenswert.“ Oder: „Auch wenn ich manchmal eifersüchtig bin, verzeihe ich mir das. Ich bin liebenswert.“

Beachte dabei das Wörtchen „manchmal“, denn für gewöhnlich sind wir nicht *immer* und nicht überall neidisch, eifersüchtig, aufbrausend usw. Wiederhole diese Übung solange, bis du das Gefühl hast, deine Schwächen und Fehler verzeihen zu können.

5. Schreibe mindestens zehn positive Eigenschaften und Verhaltensweisen von dir auf.
Es müssen keine besonders hervorstechenden, ungewöhnlichen Eigenschaften sein, die außer dir niemand hat. Beispielsweise könntest du notieren: Ich kann gut zuhören. Ich bemühe mich, andere zu achten. Ich arbeite sorgfältig. Ich spiele gut Tennis. Ich lese meinen Kindern jeden Abend eine Gute-Nacht-Geschichte vor. Lese dir diese Liste täglich durch und ergänze sie immer weiter.

6. Stelle keine Vergleiche mit deinem Idealbild an.
Du hast vermutlich ein Bild von dir in deinem Kopf, wie du sein sollst oder sein möchtest. Dieses Bild ist das Ergebnis deiner Erziehung und Erfahrungen mit anderen Menschen. Dieses Idealbild kann sich auf dein Äußeres, aber auch auf Fähigkeiten und Persönlichkeitsmerkmale beziehen. Eines ist sehr wichtig: Dein Idealbild von dir ist mit ziemlich großer Wahrscheinlichkeit nicht auf deinem Mist gewachsen. Das haben sich andere – Eltern, Erzieher, Gleichaltrige – für dich ausgedacht.

Dein persönliches Ideal entspricht den Erwartungen und Vorstellungen anderer, aber mit Sicherheit nicht den deinen. Wenn du schon ein Ideal von dir haben möchtest, dann dein eigenes. Überlege dir, wie du sein möchtest, wer du sein möchtest, was du sein möchtest. Und dann mache dich zu der oder dem, die oder der du sein möchtest, sprich schrittweise die Eigenschaften und Fähigkeiten an, die du haben möchtest.

7. Schließe Frieden mit deinem Körper.
Wir alle sehen unseren Körper über die Maßen kritisch: Wir finden uns zu dick, die Beine zu kurz, die Haare zu licht, die Arme zu schlapp – diese vermeintlichen Defizite sind meist überpräsent und beeinflussen uns sehr stark in unserer Körperhaltung und -sprache.

Wenn du nun aber Dinge aufzählen solltest, die dir an dir selbst gefallen, was würdest du nennen? Suche nach den körperlichen Merkmalen, die dir gut gefallen, und bedanke dich dafür. Akzeptiere die körperlichen Merkmale, die zu dir gehören, dir aber nicht gefallen. Es gibt dich nur in dieser Ausstattung und Kombination. Du bist einzigartig.

Klar, du könntest dich auch teuren Schönheitsoperationen unterziehen und dir von einem Schönheitschirurgen dein ideales Körperbild zurechtmeißeln lassen. Warum auch nicht, immer mehr Menschen wählen diesen Weg. Eine Operation wird jedoch deine mangelnde Selbstachtung und deine Selbstablehnung nicht wirklich kurieren. Und die Angst, dass die künstlich erworbene Schönheit wieder verwelken wird oder andere entdecken könnten, dass du dich hast operieren lassen, wird fortan dein Leben begleiten.

Dauerhaft attraktiv fühlst du dich nur, wenn du dich dafür entscheidest, dass du so, wie du bist, attraktiv bist. Wenn dir nicht gefällt, was du im Spiegel siehst, dann hat das die gleichen Auswirkungen, als würde dir jemand jeden Tag zwanzig und mehr Male mit einer spitzen Nadel in die Haut stechen. Das wäre schmerzhaft und würde auf Dauer viele Narben auf deinem Körper hinterlassen. Deshalb: Freunde dich mit deinem Körper an. Betrachte ihn nicht als Feind. Schließe Frieden mit ihm und seinen Formen. Lerne, deinem Körper mit der Haltung zu begegnen: Schön, dass du mich begleitest. Ich bin bereit, für dich zu sorgen und dich anzunehmen, wie du bist. Denn in dir darf ich durchs Leben tanzen.

8. Höre auf, dich mit anderen zu vergleichen.
Wenn du dich ständig mit anderen vergleichst und dabei schlecht abschneidest, dann tust du dir und erst recht deinem Selbstwertgefühl keinen Gefallen. Dieses Vergleichen zieht dich nur noch mehr runter und hinterlässt bei dir noch mehr schlechte Gefühle. Solange du denkst, andere wären besser, solange denkst du auch, es fehle dir etwas und es gäbe etwas an dir zu verbessern, solange fühlst du dich minderwertig und unzulänglich.

Schluss also mit dem Sich-mit-anderen-Vergleichen. Schau lieber, wo du gestartet bist, was du aufgrund deiner Ausgangsbedingungen erreicht hast, was du aus dir gemacht hast, und sei auf das Erreichte stolz.

Es muss sich nicht dein Spiegelbild ändern, sondern der Blick in den Spiegel.

Rolf Merkle

Finde heraus, was du brauchst

Bedürfnisse sind Wünsche oder das Verlangen nach etwas Materiellem oder häufiger Immateriellem, wie beispielsweise das Bedürfnis nach Sicherheit, Ruhe oder Harmonie. Gleichzeitig beschreibt ein Bedürfnis aber auch eine Notwendigkeit, also etwas, das wir unbedingt zum Leben brauchen. Wir setzen uns nicht gern mit unseren Bedürfnissen auseinander, denn sie implizieren, dass wir einen Bedarf haben oder „bedürftig" sind – beide Begriffe suggerieren Schwäche und Abhängigkeit .

Psychologisch gesehen sind Bedürfnisse jedoch vollkommen wertfrei zu betrachten. Menschen, die ein Bedürfnis nach Zuneigung haben, sind ja durchaus in der Lage, auch ohne dieses erfüllte Bedürfnis ihr Leben zu bestreiten. Sie sind aber zufriedener, wenn sie Zuneigung erfahren. Auch Bedürfnisse nach Entspannung oder Abwechslung, Einsamkeit oder Gesellschaft, Distanz oder Nähe sollten immer ernst genommen werden. Es kommt vor, dass wir uns unsere Bedürfnisse untersagen, weil wir stark, unabhängig und eben nicht bedürftig wirken wollen. Tatsächlich sagen uns unsere Bedürfnisse aber sehr zuverlässig, was wir brauchen, um uns wohlzufühlen.

Bedürfnisse werden zu Gefühlen

Bedürfnisse, die nicht von uns beachtet werden, manifestieren sich in Gefühlen, die wir meist nicht sofort zuordnen oder verstehen können. So kann es passieren, dass wir auf ein Ereignis überraschend heftig reagieren und diese Reaktion selbst nicht nachvollziehen können. In diesen Fällen meldet sich unsere Bedürfniszentrale und versucht uns zu erklären: Achtung, hier gibt es ein Defizit. Kümmere dich um mich! So kann es beispielsweise passieren, dass du jemanden gemütlich dasitzen siehst und plötzlich traurig wirst. Vielleicht hattest du selbst lange keine Pause mehr und sehnst dich danach, mal eine gemütliche Auszeit zu haben. In diesem Fall wäre die Trauer ein Hinweis auf das Bedürfnis nach einer Pause. Dabei kann bei jedem Menschen in derselben Situation ein sehr unterschiedliches Gefühl ausgelöst werden. Es kann auch sein, dass du wütend wirst, während du einen anderen Menschen ausruhen siehst. Jedes Gefühl ist in Ordnung, auch ein scheinbar unpassendes. Denn es zeigt dir, wie es um deine eigenen Bedürfnisse bestellt ist.

Impuls: Dein Bedürfnis-Check

Was brauche ich gerade?

Zeit für mich oder Gesellschaft?

Entspannung oder Aktivität?

Selbst- oder Fremdfürsorge?

Halte im Lauf des Tages immer mal wieder inne und frage dich, wonach dir gerade ist. Wie geht es dir körperlich? Wie geht es dir seelisch? Was brauchst du jetzt gerade?

Ein Fallbeispiel

Salome kümmerte sich seit der Erkrankung ihrer Lebensgefährtin Annika liebevoll um sie. Doch im Laufe der Zeit spürte sie, dass sie immer häufiger grundlos wütend auf ihre Freundin war. Rational war ihr klar, dass Annika nichts für ihre Hilfsbedürftigkeit und ihren Zustand konnte. Trotzdem regten Salome immer häufiger Dinge auf: dass die Familie und der Freundeskreis ständig anriefen, um zu fragen, wie es Annika ging; dass Annika alle naselang Leute nach Hause einlud, um sie zu sehen; dass die spezielle Ernährung, die Annika zu sich nehmen muss, Salome nicht schmeckte, sie aber trotzdem jeden Tag davon aß.

Salome setzte sich mit ihrer irrationalen Wut auseinander und ging dem Gefühl nach: Woher kommt meine Unzufriedenheit? Wieso bin ich ständig wütend auf Annika? Was liegt dahinter? Nach einer Weile wurde ihr klar, dass ein grundlegendes Bedürfnis von ihr nicht mehr erfüllt wurde: gesehen zu werden, eine Meinung zu haben, ebenfalls wichtig zu sein. Alles drehte sich seit der Diagnose um Annika. Keiner fragte Salome, wie es ihr ging oder was sie möchte.

Sie begriff, dass Annika für die Wut nichts kann, sondern dass das Gefühl durch ein nicht gestilltes Bedürfnis entstand. Anstatt die Wut zu unterdrücken, wegzuschieben oder gar an ihrer Freundin oder dem Umfeld auszulassen, beschloss Salome, ihren Bedürfnissen in den kommenden Wochen mehr Raum zu geben. Sie verabredete sich mit Freunden außerhalb der Wohnung, holte sich Unterstützung bei der Pflege und Betreuung von Annika und besuchte einen Tag lang eine Therme in der Nähe, wo sie sich von Kopf bis Fuß verwöhnen ließ. Zeitgleich stellte sie fest, dass sie viel seltener wütend auf Annika oder zornig über die Situation war, in der sie alle steckten. Vielmehr fand sie es schade, die Erlebnisse nicht mit ihrer Freundin teilen zu können, und genoss die Zeit, die sie gemeinsam verbrachten, mehr als vorher.

Nimm dir Zeit

Nicht immer haben wir die Möglichkeit, uns einen halben Tag frei zu nehmen oder „einfach so“ unsere Bedürfnisse zu erfüllen. Trotzdem müssen wir den Druck, der sich in uns durch die Nichterfüllung unserer Bedürfnisse und das Ignorieren der eigenen Wünsche aufbaut, irgendwie wieder loswerden. Hier bieten sich unterschiedliche Methoden der Entspannung an, die leicht umzusetzen sind und von jedem praktiziert werden können:

- Progressive Muskelentspannung
- Autogenes Training
- Meditation

All diese Übungen bzw. Methoden zur Entspannung und Konzentration helfen dir dabei, die Gefühle in deinem Inneren zu beruhigen, dich auf dich selbst zu konzentrieren und Anspannung abzubauen. So nimmst du dir den benötigten Raum und sendest ein wichtiges Signal an dich selbst: „Ich bin wichtig. Meine Bedürfnisse zählen." Es ist dabei nicht wichtig, ob du meditierst, Yoga oder einen langen Spaziergang machst oder dir einfach eine heiße Badewanne einlässt. Jedes Mittel, das dich dabei unterstützt, dich trotz der Herausforderungen im Leben als den wichtigsten Menschen deines Lebens zu behandeln, ist recht. Das ist kein Egoismus – das ist Selbstfürsorge.

Nicht selten, vor allem dann, wenn sich eine Krise länger hinzieht, haben wir das Gefühl, den Kontakt zu uns selbst und unseren eigenen Bedürfnissen zu verlieren. Wir wissen schlichtweg nicht mehr, was wir brauchen, damit es uns besser geht und wir wieder zu Kräften kommen. Durch die Fremdbestimmung einer Belastungssituation oder persönlichen Krise sind die Bedürfnisse so lange in den Hintergrund geschoben worden, dass sie sich irgendwann gar nicht mehr zu Wort melden – oder sich bemerkbar machen, aber nicht mehr als solche erkannt werden.

In diesen Fällen ist der erste Schritt, die Wahrnehmung langsam wieder auf sich selbst zu richten und die Sinne für sich selbst zu schärfen. Das kann eine Zeitlang dauern, denn so, wie der Körper und die Sinne sich nach einer schlimmen Erkältung wieder ans Riechen und Schmecken gewöhnen müssen, darf sich die Psyche auch wieder daran gewöhnen, dass auf sie gehört wird. Kleine Wahrnehmungsübungen können helfen, sich Schritt für Schritt dem eigenen Selbst wieder anzunähern.

Große Notfälle und Krisen zeigen uns, um wie viel größer unsere vitalen Ressourcen sind, als wir selbst annahmen.

William James,
Psychologe und Begründer
der Psychologie in den USA.

Übung: Check-in am Morgen

Frage dich ab jetzt jeden Morgen, direkt nach dem Aufwachen noch im Bett:

Wie geht es mir?

Wie geht es meinem Körper?

Wie geht es meiner Psyche?

Was fühle ich?

Was brauche ich?

Was will ich frühstücken?

Was kann mir heute guttun?

Was ziehe ich an, damit ich mich gut fühle?

So kannst du bewusst und entschleunigt in den Tag starten und legst den Fokus gleich zu Beginn des Tages auf dein wichtigstes Gut: dich selbst.

Exkurs: Innere Helfer

Innere Helfer sind imaginierte Tiere oder Wesen, die für dich eine bestimmte Rolle übernehmen. Du kannst sie dir als hilfreiche Kräfte vorstellen, die in deiner Seele oder in deinem Kopf wohnen – sie können dir ganz nach deinen eigenen Bedürfnissen Trost oder Mitleid, Zuspruch oder auch Unterstützung spenden. Wenn du sie aktivierst und mit ihnen in Kontakt trittst, dann stellst du dir diese Kräfte in einer bestimmten, für dich greifbaren Hülle vor.

Innere Helfer können sein

- ein Fabeltier
- eine Figur aus einer Geschichte, aus einem Buch
- eine Comicfigur
- ein symbolisches Tier
- ein übernatürliches Wesen
- die Personifizierung einer Pflanze oder eines Baumes
- ein Symbol oder Zeichen
- alles andere aus der Natur: ein Stein, ein Bach, das Meer

Um mit deinem Inneren Helfer in Kontakt treten zu können, trittst du eine Reise in dein Inneres an. Stell dir eine Wiese oder eine andere für dich angenehme Umgebung vor. Wenn ein erstes Bild da ist, sieh dich um und erfasse die Welt, in der du dich gerade befindest: Welche Jahreszeit und Tageszeit ist es, wie riecht es hier, welche Geräusche nimmst du wahr?

Stell dir nun vor, dass ein hilfreiches, freundliches Wesen, ein Tier, ein Mensch oder auch ein Symbol in der Ferne, oder in der Nähe auftaucht, und nimm wahr, was du dabei fühlst. Lass alles auf die Art, in der es erscheint, kommen und akzeptiere es, wie es ist. Urteile nicht über Aussehen oder Form deines inneren Helfers, sondern lass ihn sein, wie er ist.

Jetzt kannst du in deiner Vorstellung von deiner momentanen Lebenssituation erzählen. Stell Fragen zu deiner Situation und achte dann sorgfältig auf die Antwort des inneren Helfers. Stell dir vor, der innere Helfer, egal ob Mensch, Tier oder Pflanze, redet mit dir oder du hast einfach ein direktes Gefühl zu der Botschaft über eine andere Bedeutungsebene. Erlaube deinem Helfer, sich auszudrücken, auf welchem Weg auch immer ... Wenn du dir unsicher bist über die Bedeutung des Ratschlages oder wenn du andere Fragen hast, setz die „Unterhaltung" so lange fort, bis du fühlst, dass du alles erfahren hast, was du augenblicklich erfahren kannst.

Wenn du das betrachtest, was dein innerer Helfer dir erzählt hat, stell dir vor, wie dein Leben wäre, wenn du den Ratschlag annehmen würdest, den du bekommen hast ... Wenn du mehr Fragen hast, setz die Unterhaltung fort oder verabrede dich zu einem neuen Treffen.

Wenn du möchtest, bedanke dich bei deinem inneren Helfer (oder dem Tier, je nachdem was aufgetaucht ist) für das Treffen und fragen nach der leichtesten, sichersten Methode, wieder mit ihm Verbindung aufzunehmen ... Denk daran, dass du ein neues Treffen haben kannst, wann immer du die Notwendigkeit für einen Ratschlag oder eine Unterstützung siehst ... Verabschiede dich nun auf die dir geeignet erscheinende Weise und komme dann mit deiner Aufmerksamkeit zurück. Vielleicht möchtest du dich räkeln und strecken, noch einmal tief ein- und ausatmen, dann öffne wieder die Augen und kehre wieder zurück in die Gegenwart.

Entdecke deine Einzigartigkeit

Du bist einzigartig, denn dich gibt es nur ein einziges Mal auf der Welt. So weit, so gut, wirst du jetzt sagen. „Aber was genau macht mich so einzigartig, und wie genau kann ich meine Einzigartigkeit gegenüber anderen leben?“ Wir Menschen sind Herdentiere, wir wollen uns als soziale Wesen in eine Gruppe einfügen – wir wollen nicht alleine tanzen, sondern am liebsten mit anderen zusammen. „Alle im Gleichschritt!“ macht jedoch auch niemanden glücklich. Zufrieden werden wir also nur sein können, wenn wir eine Balance finden zwischen einem authentischen und selbstbestimmten Leben innerhalb unserer Gruppe und einem gewissen Maß an Anpassung und Kompromissbereitschaft gegenüber den anderen.

Kennst du auch diese Momente, in denen du etwas nicht weißt, aber so tust, als würdest du es wissen? Dann lenkst du vielleicht vom Thema ab, um dein Unwissen zu vertuschen. Oder du hast das Gefühl, du solltest eigentlich Bescheid wissen, bist aber peinlich berührt und möchtest am liebsten im Erdboden verschwinden. Oder du hast heute Lust, einmal ganz aus der Rolle zu fallen. Du möchtest heute lieber Rock 'n' Roll statt Rumba, die Pirouette drehen anstelle den immer gleichen Wechselschritt. Vielleicht steht dir auch der Sinn nach ausgefallener Kleidung, oder du willst einfach laut lachen, wann immer dir danach ist. Aber etwas bremst dich: Du willst in deiner Gruppe nicht anecken, du hast Angst vor den Reaktionen der anderen oder willst ihnen dein wahres Ich nicht zumuten.

Die Frage ist, wie authentisch du dich nach deinen eigenen Maßstäben und denen der anderen zeigen darfst. Dein Unwissen in einer Gesprächssituation mit mehreren Kolleginnen und Kollegen ist dir peinlich, du willst diese „Lücke“ nicht zeigen und deine Schwäche vertuschen. Das ist mit Blick auf deine Position in der Gruppe verständlich. Doch kannst du es auch anders herum betrachten: In der Vergangenheit waren dir einfach andere Dinge wichtiger, das spezifische Thema des Gesprächs hatte einfach bisher keine Priorität. Authentisch wäre es hier, einfach zuzugeben, dass du nicht informiert bist. Ein solches Eingeständnis vor anderen ist natürlich nicht leicht. Oft setzen wir uns selbst unter Druck, die (vermeintlichen) Erwartungen der anderen in der Gruppe zu erfüllen.

Du denkst, dein Gegenüber erwartet eine fundierte Meinung zu einem bestimmten Thema vor dir. Du hast Angst, den Erwartungen nicht zu genügen und dass andere eine schlechte Meinung von dir bekommen. Diese Angst und diese Zweifel liegen dann wie ein Gewicht auf deinen Schultern, machen dich klein und unbeweglich. Aber: Einzigartigkeit zu zeigen bedeutet auch, vermeintliche Unvollkommenheiten zu zeigen. Denn wer entscheidet, was du wissen musst? Eigentlich nur du selbst. Erlaube dir, du selbst zu sein, steh zu deinem Wissen oder Unwissen und zu deinen Schwächen. Du selbst bestimmst, was du wissen musst und was du nicht zu wissen brauchst.

Authentisch zu leben bedeutet, ganz du selbst zu sein.

Wenn du genau weißt, wer du selbst bist, kannst du dich klar von anderen abgrenzen. Du allein triffst die Entscheidung, was du mit deinem Leben anstellen willst, wofür du dich interessierst und welche Aspekte keinen Platz in deinem Leben haben. Natürlich gehört eine Menge Mut dazu, die eigene Authentizität zu wahren und dich selbst wichtig zu nehmen. Aber es bedeutet auch, unvergleichlich zu sein und dich voll und ganz mit dir selbst identifizieren zu können.

Niemand wird jemals so sein können wie du, und du wirst auch niemals eine andere Person sein als du selbst. Wenn du das akzeptierst, wirst du ein erfülltes Leben führen können. Nimm dich selbst mit all deinen Schwächen an, denn du bist genau richtig so, wie du bist.

Werde zu deiner eigenen Ratgeberin und deinem eigenen Ratgeber

Wenn du dir unsicher bist, wie du dich gegenüber anderen verhalten sollst, dann versuche folgendes: Du bist deine eigene Expertin und dein eigener Experte. Stelle dir vor, nur du weißt, was das Richtige ist für dein zufriedenes Leben. Tritt einen Schritt zurück, betrachte dich und dein Leben und überlege dir, wo du Grenzen ziehen willst. Wie sozialverträglich ist dein Verhalten, wie würdest du dich gerne verhalten? Stell dir vor, du zeigst dich so, wie du dich gerne zeigen würdest. Welche Konsequenzen hätte das für dich und dein Umfeld? Was kann schlimmstenfalls passieren – und was im besten Fall? Wahrscheinlich willst du nun sagen: „Wenn ich mich verhalte, wie ich will, bin ich doch rücksichtslos egoistisch – und das will ich nicht sein!" Ja, es gibt eine durchaus schmale, manchmal haarfeine Grenze zwischen Authentizität und Egoismus. Aber sich in seiner Eigenheit zu zeigen, heißt nicht automatisch, rücksichtslos zu leben. Vielmehr bedeutet es, authentisch und einzigartig zu leben. Denn nicht jedes authentische Verhalten, das wichtig und richtig für dich ist, betrifft auch andere Leute.

Angenommen du entscheidest dich dazu, keine Tagespresse mehr zu lesen, so kann das von anderen negativ aufgenommen werden. Schließlich gehört das aktuelle Geschehen zur Allgemeinbildung. Aber es wird niemand zu Schaden kommen, wenn du keine Zeitung liest, keine News hörst und dich der aktuellen Berichterstattung entziehst – vielleicht, weil es dich belastet, weil du dich von der täglichen Informationsflut erschlagen fühlst. Es ist gut und wichtig für dich, betrifft aber sonst keine andere Person. Vielleicht kann dein Umfeld nicht nachvollziehen, was dich zu diesem Schritt bewogen hat. Jedoch ist dein persönlicher Gewinn, wenn du nach deinen eigenen Bedürfnissen lebst, so viel größer, als wenn du dich den Erwartungen deines Umfeldes anpasst.

Dein größtes Potenzial ist es, du selbst sein zu dürfen. Sei du selbst, sei anders! Nicht nur wirst du mit innerer Zufriedenheit und Authentizität belohnt – wenn alle sie selbst sein dürfen, wie viel mehr Inspiration, Wissen und Glück können wir finden? Und je authentischer jeder und jede Einzelne ist, desto besser können wir uns gegenseitig kennenlernen und voneinander lernen.

Vielleicht hast du nun Angst oder Zweifel. Angst vor einer großen Veränderung. Du musst nicht sofort dein ganzes Sein ändern. Beginne mit Kleinigkeiten, die du leicht und unkompliziert umsetzen kannst. Höre tief in dich hinein und nimm die Impulse auf. Du wirst sehen, dass oft schon kleine Dinge einen großen Unterschied machen können. Und wenn du eine Kleinigkeit nachhaltig umgesetzt hast, dann geh über zur zweiten und dritten. Step by step kommst du so zu einem authentischen, einzigartigen Ich.

Vielleicht hast du auch Angst davor, wie dein Umfeld reagieren könnte. Dann glaube an dich – du bist besser als du denkst. Nimm den Fokus weg von den anderen und richte deinen Blick auf dich selbst. Denn nur du selbst bist der Maßstab für ein gutes Leben. Nur du kannst abwägen, was zu dir passt und welchen Dingen du Raum in deinem Leben geben willst. Verbanne ab jetzt die folgenden Sätze aus deinen Gedanken:

Ich bin schlechter als die anderen.

Ich kann mit den anderen nicht mithalten.

Ich bin weniger wert als die anderen.

Ich sehe nicht so gut aus wie die anderen.

Ich kann nicht so gut reden wie die anderen.

Ich habe nicht so viel aus meinem Leben gemacht wie die anderen.

Ich bin nicht so selbstbewusst wie die anderen.

Mach dich frei von den Erwartungen anderer. Betrachte dich selbst mit wohlwollenden Augen und liebendem Blick. Wenn du dich selbst so annimmst, wie du bist, nimmst du dir eine große Last von den Schultern, ohne die du dich freier und unbeschwerter bewegen kannst. Du hast es bestimmt schon einige Male gehört, trotzdem hier noch einmal zum Mitlesen: Niemand ist perfekt. Wirklich niemand. Sei dir dessen immer bewusst. Und sei deshalb nachsichtig mit dir selbst. Gerade heutzutage, in einer Zeit der ständigen Selbstoptimierung, ist diese Tatsache besonders wichtig.

Nimm dich selbst an – unabhängig von deinem Handeln und deinen Gefühlen!

Vielleicht zählst auch du deine Kalorien, trackst deine Bewegung, überwachst deinen Schlaf, versuchst, die beste Version deiner selbst zu werden … Diese Art der Selbstoptimierung ist anstrengend, und vor allem setzt sie den Fokus allein auf die eigenen Defizite. Wer aber sagt denn, dass wir keine Schwächen haben dürfen? Dass wir alle negativen Seiten bearbeiten müssen, unsere Ecken und Kanten nicht in Ordnung sind? Warum können wir uns nicht mit unseren Schwächen versöhnen, sie akzeptieren und vielleicht sogar lieben lernen? Die Welt ist nicht immer rosarot, und genauso dürfen wir in allen Farben des Regenbogens leben. Wenn wir es uns erlauben, auch mal faul auf dem Sofa zu liegen, schlecht gelaunt durch den Tag zu gehen oder auch einfach mal bockig zu sein … Was geschieht dann? Dann zeigen wir uns in unserer Gesamtheit, mit unseren guten und unseren „schlechten“

Seiten – und erst wenn unser Umfeld all unsere Seiten kennt, dann sieht es uns wirklich.

Genau das ist der Schlüssel zur Authentizität: Alle Aspekte zu zeigen, ohne Angst vor Ablehnung oder Anecken. „Dürften" wir uns alle so zeigen, wie wir wirklich sind, wären wir alle zufriedener im Leben. Niemand würde sich darum kümmern, was die Nachbarin oder der Arbeitskollege, die Schwiegermutter oder der Busfahrer von uns denkt. Wir wären liebevoller mit uns und verständnisvoller im Umgang mit anderen. Wenn wir alle unsere Schwächen offenbarten, würde die Welt zu einem mitfühlenderen Ort, zu einem Ort, an dem alle so sein dürfen, wie sie sind.

Innere Stärke

Woher aber wissen wir, wer wir selbst sind, was wir wollen, nach welchen Werten wir wirklich leben wollen – nach welcher Musik wir tanzen wollen? Zunächst müssen wir feststellen, was gut ist und was bleiben darf. Wir alle haben Ressourcen und Kompetenzen – sich über diese bewusst zu werden ist ein wichtiger Schritt in Richtung Authentizität und innerer Stärke. Wenn du weißt, was du kannst, stärkt dich das von innen heraus und lässt dich aufrecht und voller Selbstbewusstsein durchs Leben schreiten.

Was also kannst du, was sind deine Stärken? Keine Sorge, wenn du diese Frage nicht auf Anhieb beantworten kannst. Nur sehr wenige Menschen können sofort sagen, was sie ausmacht. Das liegt in unserer Erziehung und unserer Kultur: Bei uns sind Bescheidenheit und Understatement ein wichtiger Teil des sozialen Zusammenlebens: „Eigenlob stinkt!“ Anders ist es etwas in den USA, wo die Menschen stolz und gerne zeigen, was sie können und was sie haben. Bei uns dagegen wird das schnell als Angeberei wahrgenommen, denn Deutschen fällt es sehr viel schwerer, die eigenen Stärken und Fähigkeiten hervorzuheben: Wer würde von sich selbst sagen, dass er oder sie besonders gut malen oder singen kann. (Und wenn es doch mal jemand in unserem Beisein tut, sind wir peinlich berührt und etwas fassungslos.) Wer sagt aus vollem Herzen von sich selbst: „Ich bin richtig gut im Kochen?“ Stattdessen bleiben wir bescheiden, wollen nicht übertreiben oder unangenehm auffallen. Auch bei Vorstellungsgesprächen nennen wir einfacher unsere Schwächen, überlegen bei der klassischen Frage nach den Stärken lange und nennen nur Dinge, die wir zu hundert Prozent unterschreiben können. Lieber schön bescheiden bleiben. So lernen wir alle es von Kleinauf.

Wenn wir also gefragt werden, was unsere Stärken sind, was uns auszeichnet, dann kann diese Frage kaum jemand auf Anhieb beantworten. Und das ist auch völlig normal. Hand aufs Herz: Unsere schlechten Seiten könnten wir alle wahrscheinlich sofort nennen, denn wir neigen dazu, uns selbst übermäßig kritisch zu sehen. Aber darum soll es nun nicht gehen, denn wir wollen den Blick auf die positiven Seiten richten.

Ein Fallbeispiel

Obwohl Jana seit Jahren in einer glücklichen Partnerschaft steckte, hatte sie sich fremd verliebt. Es war zu keinem Seitensprung gekommen, und die Jana hatte ihrem Partner auch noch nichts von ihren Gefühlen für den anderen Mann erzählt. Dennoch machte sie sich schwere Vorwürfe deswegen.

„Ich frage mich, was nicht mit mir in Ordnung ist", schimpfte sie. „Ben ist so ein toller Mann, aber ich verliebe mich in jemand anderen. Ich bin so eine dumme Kuh." In der Therapie wurde ihr entgegnet: „Sie sollten nicht so streng mit sich sein. Solche Dinge passieren. Dagegen sind Sie machtlos. Und immerhin haben Sie verhindert, dass es weitergeht."
Jana schien das aber nicht zu genügen. Sie entgegnete: „Aber was für eine schlechte Freundin bin ich ihm, wenn ich Gefühle für einen anderen habe? Vermutlich wäre er besser ohne mich dran."
„Stellen Sie sich vor, eine Freundin würde Ihnen heute erzählen, dass sie sich in einen anderen verguckt hat. Was würden Sie ihr sagen?" Jana zuckte mit der Schulter. „Dass so was eben vorkommt. Weil das jedem mal passieren kann."
„Warum also gestehen Sie es sich selbst nicht zu?"
„Weil ich denke, dass es mich zu einem schlechten Menschen macht."

Was kannst du aus diesem Beispiel für dich mitnehmen? Zunächst einmal wird hier deutlich, dass wir mit anderen, vor allem mit unseren Lieben, viel nachsichtiger sind als mit uns selbst. Für uns und für unsere Umwelt legen wir meist ganz andere Maßstäbe an. Dabei sollten für uns alle dieselben Standards und Regeln gelten, wenn es um unser Zusammenleben geht. Wenn du also das nächste Mal übermäßig selbstkritisch bist oder dir Vorwürfe machst, frage dich ganz ernst: „Wenn es meine Freundin wäre, die diesen „Fehler" gemacht oder diese Leistung nicht erbracht hätte, wie würde ich sie trösten?" Wahrscheinlich ist die Antwort, dass du deiner Freundin oder deinem Freund in jeder Situation tröstende Worte spenden würdest, ganz ohne Urteil oder Vorwürfe. Bei deinen Freunden fällt es dir leicht, über ihre Schwächen hinwegzusehen und das Positive zu finden. Du nimmst die Personen an, wie sie sind. Das sollte auch für dich selbst gelten.

Übung: Der Spiegel der anderen

So wie du die positiven Eigenschaften deiner Mitmenschen wahrnimmst, gilt das auch andersherum. Durch ihre Fremdwahrnehmung kannst du deine eigenen Stärken und was dich auszeichnet herausfinden. Bitte mindestens drei Menschen aus deinem nahen Umfeld um ihre Einschätzung: Was zeichnet dich aus, was sind deine Stärken? Notiere, was dir deine Mitmenschen rückmelden und gleiche das mit deiner eigenen Einschätzung ab. Decken sich die Beobachtungen? Findest du Übereinstimmungen oder Überraschungen? Kannst du annehmen, wie andere dich sehen, fällt es dir leicht oder schwer?

Du kannst diese Übung übrigens auch allein machen, solltest du Hemmungen haben, andere Personen zu fragen. Dann notiere auf drei Blatt Papier jeweils eine Person, die dir nahe steht. Am besten wählst du Personen aus unterschiedlichsten Kontexten: Familie, Arbeitskollegen oder -kolleginnen, Freunde oder Freundinnen. Auf ein viertes Blatt Papier schreibst du deinen eigenen Namen. Leg die Blätter nun auf den Boden, deinen Namen in die Mitte, die anderen Personen im Dreieck darum herum. Im Anschluss stellst du den Personen gedanklich folgende Fragen:

Was bin ich für ein Mensch?

Was sind aus deiner Sicht meine Stärken?

Was kannst du über meine Kompetenzen/Fähigkeiten sagen?

Wie schätzt du meine Beziehungsfähigkeit ein?

Was ist für dich an mir besonders liebenswert?

Dinge, die doppelt oder mehrfach genannt werden, sind deine Kernkompetenzen.

Selbstbewusstsein und Selbstsicherheit sind eng verknüpft: Wer weiß, wer er oder sie selbst ist, wer sich also seiner selbst bewusst ist, ist normalerweise auch selbstsicher genug, in Ausnahmesituationen souverän zu handeln und in die Zukunft zu blicken. Es gibt Momente, da ist diese Selbstsicherheit beinahe greifbar – nämlich dann, wenn wir feststellen, dass uns etwas vollkommen natürlich von der Hand geht. Wir fühlen uns dann wie ein Fisch im Wasser: Genau hier gehören wir hin.

Oft ist den Momenten, in denen wir uns besonders intensiv spüren, eine schwere Krise vorangegangen: beispielsweise der Neuanfang nach einer Trennung, die ersten Tage nach dem Umzug in die eigene Wohnung, die ersten Momente nach der Unterschrift unter die Scheidungspapiere. In diesen Momenten können wir eine enorme Stärke fühlen, derer wir uns vorher nicht bewusst waren. Wir geben uns die Erlaubnis, über uns hinauszuwachsen. Die Gewissheit, dass wir zu jedem x-beliebigen Zeitpunkt in unserem Leben einfach noch einmal von vorn anfangen könnten, hat eine große Kraft und bestärkt uns von innen: Dank dieser Gewissheit können wir aufrechter durchs Leben schreiten, denn alles ist möglich.

Deine Selbstsicherheit

Zu welchem Zeitpunkt in deinem Leben hast du dich wirklich selbstsicher gefühlt? Wann warst du davon überzeugt, dass du etwas kannst, und diese Gewissheit hat sich dann auch noch bewahrheitet? Wann warst du besonders stolz auf dich? Kannst du diesen Stolz auf deine Leistung immer noch spüren, konntest du dieses Gefühl der Selbstsicherheit für dich bewahren? Wann gibt es in deinem Alltag Momente der Selbstsicherheit? Gibt es etwas, mit dessen Hilfe du deine Selbstsicherheit regelmäßig und zuverlässig abrufen kannst?

Ein Fallbeispiel

Justyna ist 40 Jahre alt, Werbetexterin und alleinerziehende Mutter zweier Kinder. Sie verzweifelte, als ihr im Zuge einer Umstrukturierung die Kündigung ausgesprochen wurde. Gerade in ihrer Branche war der Stellenmarkt sehr schwierig, ein Umzug in eine andere Stadt kam aus verschiedenen Gründen nicht in Frage. Allerdings konnte sie sich auch nicht vorstellen, ihre Erfüllung in einem anderen beruflichen Feld zu finden – sie fühlte sich zu alt, um noch einmal ganz von vorne beginnen zu können.

Jedoch konnte sie sofort die Frage beantworten, was sie schon immer beruflich machen wollte: „Ich wollte schon immer Kindergärtnerin werden. Ich liebe es, von Kindern umgeben zu sein. Aber das Gehalt würde niemals reichen", meinte sie lapidar. „Außerdem habe ich gar keine passende Ausbildung. Und in meinem Alter nimmt mich doch niemand mehr!"

Ein paar Wochen später gab es Personalausfälle im Kindergarten ihrer Tochter. Justyna sprang aushilfsweise ein – und fande ihre Erfüllung. Obwohl sie diese Aufgabe als komplett fachfremde Kraft übernahm, machte sie ihre Sache so gut, dass ihr wenig später eine Stelle im Kindergarten angeboten wurde. Sie konnte sogar eine verkürzte Ausbildung zur Kinderpflegerin absolvieren und arbeitet mittlerweile sehr glücklich im Kindergarten: „Ich bin so dankbar, dass mir gekündigt wurde. Ohne diesen Anschub hätte ich niemals meine berufliche Neuausrichtung gewagt. Heute geht es mir insgesamt so viel besser. Ich bin durch eine große Krise gegangen und fühle mich nun viel besser als jemals zuvor." Auch mit der Bezahlung hat sie ihren Frieden gemacht. Im Alltag reicht das Geld aus, die Familie muss aber auf einen Urlaub im Jahr verzichten. Weil aber alle in der Familie, vor allem ihre Tochter, von Justynas Erfüllung und Zufriedenheit profitieren, stört das niemanden.

Übung: Wachse an der Krise.

Gab es in deinem Leben bereits echte Krisen?

Liste auf, welche Situationen du als krisenhaft erlebt hast. Das können gravierende Einschnitte in deinem Leben sein, wie der Verlust einer lieben Person, das Ende einer Beziehung oder eine Kündigung. Genauso kann es aber auch eine „kleinere“ Sache sein, die für dich einschneidend war.

Gehe nun deine Liste durch und überlege, was du aus der jeweiligen Krise mitgenommen hast. Hast du etwas gelernt? Hast du etwas erkannt, was dir vorher nicht bewusst war? Kannst du sogar etwas Positives aus dieser Zeit ziehen? Vielleicht hat sich dein Leben danach in eine neue Richtung gewendet, vielleicht hast du deine eigenen Erwartungen übertroffen? Wenn ja, wie genau – und wenn nein, warum nicht? Wie genau konntest du die Krise meistern?

Mit Hilfe dieser Übung wirst du feststellen können: In jeder Krise steckt die Gelegenheit, über dich hinauszuwachsen. Du musst nur wissen, wie.

Übung: Lerne dich besser kennen.

Schreibe auf ein großes Blatt Papier (mindestens DIN A3), deinen Namen und umkreise ihn. Von dort aus zeichnest du wie bei einer Sonne kurze Striche nach außen. Am Ende jedes Strahls schreibst du in verschiedenen Farben Stationen deines Lebens, an denen du etwas gelernt oder Erfahrungen gemacht hast, etwa Kindergarten, Schule, Ausbildung, Praktika, Studium, Weiterbildungen, Tagungen, Freundschaften, Familie und so weiter. Das sind deine Lernorte, sie bekommen ebenfalls Strahlen.

Am Ende der Strahlen notierst du, was du dort gelernt hast. Wenn zum Beispiel ein Lernort der Kindergarten ist, könnte an den Strahlen stehen: in einer Gemeinschaft leben, Lernen, Ideen umsetzen, Freundschaften pflegen, Streiten, Unabhängigkeit, selbstständig Lösungen finden …

Jede Tätigkeit bekommt wieder einen Kreis mit Strahlen. Ans Ende dieser Strahlen schreibst du die Fähigkeiten, die du dafür gebraucht hast. Wenn du zum Beispiel die Tätigkeit „Freundschaften pflegen“ anschaust, welche Fähigkeiten hast du dafür gebraucht? Dich durchsetzen, streiten, kommunizieren, dich auf etwas einlassen, Kompromisse finden …

Diese Fähigkeiten sind deine Kompetenzen. Markiere farbig, was du am häufigsten aufgelistet hast. Das sind deine Kernkompetenzen. Frag dich selbst: Wie viele deiner Kompetenzen nutzt du tatsächlich? In welchen Bereichen nutzt du sie? Welche Kompetenzen kommen eventuell zu kurz? Welche neuen Einsatzbereiche für deine Kompetenzen könntest du dir schaffen?

Du bist du

Wenn du weißt, wer du selbst bist, dann erlaube dir, andere wahrzunehmen, ihre Fähigkeiten, ihr Aussehen oder ihren Charakter zu bewundern. Aber lass dich von anderen Persönlichkeiten nicht runterziehen. Du selbst bist dein eigenes Maß und du entscheidest, wie es dir gut geht und welchen Erwartungen du entsprechend willst – nämlich deinen eigenen. Dass wir uns mit anderen Personen vergleichen, ist ganz natürlich. Vergleiche helfen uns, die eigene Position einzuschätzen, sie können uns motivieren – aber leider können sie uns auch runterziehen und uns schlecht fühlen lassen.

Wir können uns aber nicht nur mit anderen Menschen vergleichen, sondern auch mit uns selbst. Wenn wir uns selbst als Maß der Dinge betrachten, können wir Veränderungen besonders gut erkennen. Wir werden feststellen, dass wir im Laufe der Zeit dazulernen, wir können unsere persönliche Entwicklung nachvollziehen und unterschiedliche Positionen vergleichen. Wir können abgleichen, ob wir bestimmte Ziele geschafft haben und welche Meilensteine bereits hinter uns liegen.

Bei dieser Art des Vergleichen stellen wir Gegenwart und Vergangenheit gegenüber. Die Leitfrage lautet dann: Gab es einen Zeitpunkt in deinem Leben, zu dem du dich besser gefühlt hast? Vergleichen können wir mit Hilfe dieser Frage ganz unterschiedliche Aspekte in unserem Leben: Wir können Körper und Aussehen, unseren beruflichen Werdegang, unsere finanzielle Situation, unseren materiellen Besitz oder unseren mentalen Zustand vergleichen. Wir können so erkennen, wie wir uns in Beziehungen verhalten oder ob wir genug Freizeit haben, ob wir beruflich entsprechend gefordert sind oder ob wir uns mehr Input bezüglich unserer persönlichen Interessen wünschen. Viele Menschen ziehen am Ende eines Jahres Bilanz, lassen ein Jahr Revue passieren und stellen fest, was sich in dieser Zeit in ihrem Leben getan hat. Geht es mir besser oder schlechter, an welchem Punkt stand ich vor einem Jahr in meinem Leben und wo stehe ich heute? Genauso lassen sich Vergleiche aber auch gut in den Alltag einbauen: Wer sich täglich oder wöchentlich, zumindest also regelmäßig, fragt, was sich verändert hat, bekommt ein besseres Gefühl für sich selbst und schult obendrein die Selbstwahrnehmung.

Vergangenheit und Gegenwart

Gibt es ein Thema, das dich besonders herausfordert? Vielleicht bist du eher schüchtern im Umgang mit anderen? Vergleiche dich mit deinem jüngeren Ich: In welchen Situationen bist du selbstsicherer geworden? Fiel es dir in der Schule schwer, vor anderen zu sprechen? Wie verhält es sich heute? Gibt es Dinge oder Situationen, die dir früher sehr schwer gefallen sind, die heute kein Problem mehr sind? Fällt es dir leicht, auf andere Menschen zuzugehen? Denkst du heute mehr darüber nach als früher? Sagst du heute klarer deine Meinung in größeren Gesprächsrunden? Wenn du dich mit dir selbst vergleichst, was hat sich in deinem Leben getan, was hast du gelernt? Bist du selbstbewusster und entspannter geworden über die Jahre?

Suche dir für diese Fragen wirklich Themen aus, die dich schon lange beschäftigen, die dir vielleicht sogar ein leichtes Unwohlsein bescheren. Beim Vergleich mit deinem früheren Ich wirst du mit Sicherheit feststellen, dass du in diesen Bereichen große Fortschritte gemacht hast.

Zeige, wer du bist

Die Erwartungen anderer

Stell dir vor, du befindest dich in einem Tanzsaal oder in einer Disco. Du bist dort nicht allein, viele andere Menschen sind ebenfalls mit im Raum: Bekannte, Freunde und auch fremde Leute. Manche tanzen, andere stehen am Rand und gucken zu. Einige wollen mit dir tanzen – die einen vielleicht Rumba, die anderen Freestyle oder als Teil eines großen Squaredances. Vielleicht nimmt dich jemand an die Hand und zieht dich quer über die Tanzfläche. Vielleicht wirst du sogar von einer Person – ob absichtlich oder nicht – angerempelt. Wie fühlst du dich in deiner Vorstellung? Kommst du dazu, so zu tanzen, wie und mit wem du willst? Wahrscheinlich ist das gar nicht so leicht. So verhält es sich auch mit den Erwartungen anderer: Je mehr Erwartungen es an dich gibt, desto weniger kannst du dich auf dich selbst konzentrieren, bist hin- und hergerissen zwischen unterschiedlichen Anforderungen.

Es gibt verschiedene Möglichkeiten, mit den Erwartungshaltungen und Einmischungen anderer umzugehen:

- Annehmen und für wahr halten,
- analysieren und teilweise übernehmen,
- abprallen lassen oder ignorieren,
- abgrenzen und kommunizieren,
- wertschätzen, aber nicht annehmen.

Dabei ist es eine reine Typsache, welche Möglichkeit du wählst. Einigen Menschen fällt es schwer, sich abzugrenzen – aus Sorge, dem Umfeld mit ihrer klaren Haltung auf die Füße zu treten, als undankbar oder beratungsresistent zu gelten. Andere müssen sich zuerst nach außen hin abgrenzen, um innerlich eine Haltung zu entwickeln. Diese Menschen ziehen lieber äußere als innere Grenzen. Es gibt Personen, die, gerade in schweren und herausfordernden Zeiten, eine regelrechte Elefantenhaut entwickeln, die sie vor allen Einflüssen und Einmischungen schützen soll. Wieder andere sind in einer ähnlichen Situation eher zart besaitet, ja sogar dünnhäutig. Alle diese Verhaltensweisen hängen vom Charakter des jeweiligen Menschen und seinem individuellen Umgang mit der Situation ab. Wichtig ist nur, eine klare Haltung einzunehmen – innerlich wie äußerlich –, um so sicht- und nachvollziehbar zu werden für die anderen – und spürbar für sich selbst.

In der Haltung des Körpers verrät sich der Zustand des Geistes. Durch die Körperbewegung spricht gleichsam des Geistes Stimme.

Ambrosius

Wie stehst du im Leben?

Wir alle können uns etwas unter dem Begriff Haltung vorstellen. Es geht darum, wie wir uns als Person halten – ganz konkret in einer bestimmten Situation oder auch ganz allgemein im Leben. Formulierungen wie „Ich halte mich ganz gut über Wasser.“, „Halte durch!“ oder „Du gibst mir Halt.“, haben sicher die meisten von uns schon irgendwann einmal verwendet. Die Vielschichtigkeit des Begriffs Haltung wird auch deutlich, wenn wir uns die unterschiedliche Verwendung des Verbs *halten* ansehen. Es steckt in vielen anderen Verben, deren Bedeutung weit über ein körperliches Halten im Sinne von Greifen oder Festhalten hinausgeht. Wir verhalten uns gegenüber jemandem oder einer Situation, wir unterhalten uns gerne, und wenn wir klug diskutieren, dann können wir der oder dem anderen etwas entgegenhalten, sie oder ihn zu etwas anhalten oder eine gefühlsgeladene Meinungsverschiedenheit aushalten. Noch immer ist nach heutigem Verständnis Haltung in besonderen Situationen gefordert, etwa wenn es schwierig wird, wenn es um eine wichtige oder gar existenzielle Entscheidung geht, oder wir uns in einer wie auch immer gearteten Extremsituation befinden. Dann suchen wir bestenfalls Halt in uns selbst, in unseren Einstellungen, unseren körperlichen Voraussetzungen, kurz in unserer Haltung.

Haltung ist nicht nur ein Wort mit zentraler Bedeutung und Stellung in unserer Sprache, Haltung ist auch wichtig für unser Leben. Trotzdem setzen sich die wenigsten Menschen mit ihrer eigenen Haltung auseinander. Wie „man“ sich körperlich zu halten und innerlich zu verhalten hat, wird allzu oft an einem diffusen Commonsense festgemacht, der dem Individuum oft nicht einmal bewusst ist. Eltern, Lehrende, die Coolen in der Clique, Vorgesetzte mit Macht und Einfluss oder bewunderte Stars der Sport- und Medienwelt werden von vielen Menschen bewusst oder unbewusst als Vorlage gewählt, um sie in ihrer Haltung zu nachzuahmen.

Aber einem bestimmten Bild zu entsprechen, das von außen vorgegeben wird, ist mit einer enormen Anstrengung verbunden, die die meisten von uns nicht schaffen. Darin liegt nicht selten die Ursache, tagtäglich an sich selbst zu scheitern. Es ist ungewiss, ob das Bild, das die Medien über einen bestimmten Star vermitteln, auch der Realität entspricht, und wir können nie in den dort präsentierten Menschen hineinschauen oder sein ganzes Leben mit allen Facetten erahnen. Jeder sogenannte Superstar, jedes Topmodel und jedes andere Idol hat seine Schattenseiten, genau wie wir alle. Und wir wissen nicht einmal, ob das, was wir an diesem Menschen bewundern, auch für ihn selbst erfüllend ist.

Was wir dagegen haben, ist die große Chance, uns mit unserer eigenen Haltung zu beschäftigen. Wir allein können der Star – die Königin oder der König – in unserem Leben werden, wenn wir das ganze Ausmaß unserer Unverwechselbarkeit für uns finden. Wir sind geprägt durch Erziehung und individuelle Erfahrungen, und bringen eine ganz individuelle körperliche und psychische Disposition, also Vorgabe mit. Genau aus diesem Grund kann jede und jeder von uns sich nur auf ihre beziehungsweise seine eigene Weise verhalten. Auch wenn das nicht immer auf den ersten Blick erkennbar ist, tragen wir alle unsere innere Haltung nach außen, ob in unseren Worten, unseren Taten oder unserer Erscheinung, unserer Körperhaltung.

Haltung zu zeigen, ist also eine ständige Herausforderung, eine Challenge und ein Abenteuer. Probieren wir einmal etwas Neues aus, reicht oft schon ein halbwegs schroffer Einwand, eine hochgezogene Augenbraue, eine unerwartete Unterbrechung, und schon stellen wir unsere Ideen und damit gerne auch unsere ganze Person wieder in Frage. Wir werden unsicher und bekommen Angst, etwas falsch zu machen. Dann die eigene Haltung zu suchen, zu finden und beizubehalten, ist eine ebenso große ständige Herausforderung. Was bedeutet Haltung für dich?

Übung: Finde deine Haltung.

Nimm dir ein paar Minuten Zeit und ziehe dich möglichst an einen ungestörten Ort zurück. Schließe auch gerne die Tür, denn jetzt geht es um deine ganz persönlichen Gedanken und um deine Gefühle. Lege dir Stift und Papier sowie ein Notizbuch bereit und frage dich: „Was verbinde ich mit dem Begriff Haltung?" Betrachte dein eigenes Leben, deinen Alltag. Wo spielt das Wort „Haltung" ganz konkret für dich eine Rolle? Wann hast du es zum letzten Mal verwendet oder gedacht? In welchen Situationen, meinst du, kommt es in deinem Leben auf Haltung an?
Schreibe alles auf, was dir spontan durch den Kopf geht, wenn du an Haltung denkst. Sammele alles, ohne zu filtern. Es können ebenso einzelne Wörter oder Stichpunkte sein, wie zusammenhängende Sätze oder auch kleine Geschichten.

Halte diese Sammlung immer bereit. Klemme das Blatt gerne zwischen die letzten Seiten dieses Buches oder deines Notizbuches oder verwende es als Lesezeichen.

Du wirst die Sammlung zu einem späteren Zeitpunkt noch gebrauchen können.

Wahrscheinlich hast du während der Übung festgestellt, dass du das, was dir zu dem Wort Haltung einfällt, mit mehr verbindest, als mit dem reinen Begriff. Vielleicht erinnerst du dich an bestimmte Erlebnisse, etwa: „Ich habe meinen Partner ganz fest im Arm gehalten." Oder du machst dir eine grundsätzliche Einstellung bewusst, nach dem Motto: „Von Fastfood halte ich wenig." Oder du spürst ein Grundbedürfnis wie: „Ich möchte das nicht länger aushalten." In dem Begriff Haltung sind immer mehrere Ebenen miteinander verbunden, aktuelle und vergangene, körperliche und geistig-seelische, bewusste und unbewusste. Wollen wir an unserer Haltung arbeiten, müssen wir zunächst die verschiedenen Ebenen wahrnehmen und verstehen.

Innere und äußere Haltung

Innere und äußere Haltung schwer voneinander zu trennen, weil sie sich stets gegenseitig bedingen und beeinflussen. Hilfreich ist es daher, sie im ersten Schritt begrifflich voneinander abzugrenzen.

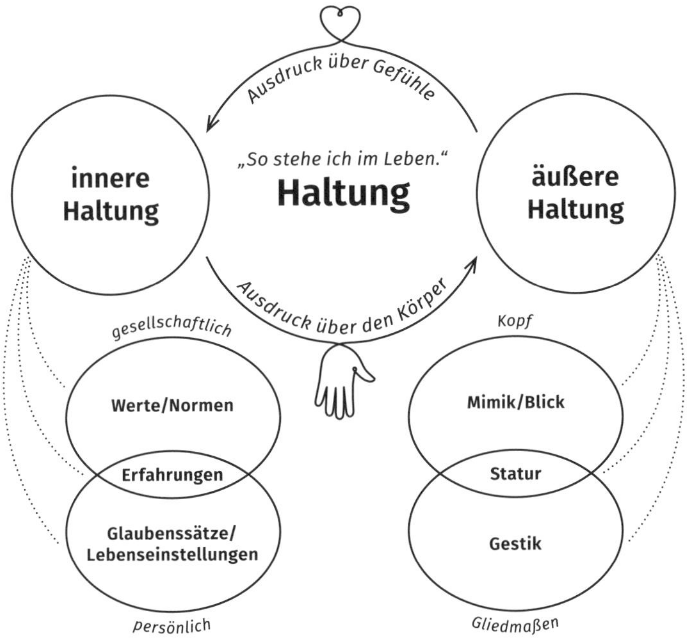

Zur inneren Haltung gehören:

- Werte und Normen, die aus dem gesellschaftlichen Umfeld übernommen wurden
- Lebenseinstellungen und Glaubenssätze, die persönlich gewählt wurden

- Persönliche Erfahrungen als Schnittmenge zwischen individueller Persönlichkeit und Gesellschaft

Zur äußeren Haltung gehören:

- Mimik, Blicke, Tonfall, die Sprache des Gesichtes
- Gestik, die nonverbale Sprache von Armen und Beinen
- Die gesamte Körpergestalt, Statur, Körperspannung, Gesamtwirkung

Das Zusammenspiel zwischen innerer und äußerer Haltung lässt sich am besten an einfachen Beispielen verdeutlichen: Wenn wir sehr traurig sind, reagiert der Körper automatisch auf dieses Gefühl. Unsere Gesichtszüge verändern sich, und uns kommen die Tränen. Unser Körper verleiht dem Gefühl Traurigkeit Ausdruck, indem wir uns krümmen, gebeugt gehen, stehen und sitzen, und macht es so für uns spürbar und für unsere Umgebung sichtbar.

Die gute Nachricht jedoch ist, dass dieser Prozess auch umgekehrt funktioniert. Das kannst du ausprobieren. Lass für eine Weile den Kopf hängen, so als wärst du gerade traurig oder niedergeschlagen. Dann stell dich ganz bewusst aufrecht hin. Du wirst feststellen, dass sich nicht nur dein Körper anders anfühlt, nach nur wenigen Momenten wird sich auch dein inneres Gefühl, deine Stimmung verändern. Wie, hängt von dir selbst ab. Aber schon diese einfache Übung zeigt: Die äußere Haltung unseres Körpers kann unsere Gefühle beeinflussen. Umgekehrt verbinden wir mit unseren Gefühlen, meist ohne lange darüber nachzudenken, bestimmte Körperhaltungen. Um bei dem vorigen Gemütszustand zu bleiben: Wenn du nun eine traurige Haltung einnehmen solltest, könntest du vermutlich etwas damit anfangen. Du würdest wahrscheinlich Kopf und Schultern hängen lassen, den Blick auf den Boden richten und in dich zusammengesunken dastehen. Und du würdest dich in dieser Körperhaltung innerlich zumindest daran erinnern, wie es sich anfühlt, wenn du traurig bist. Das hast du schon viele Male erlebt, und dein Körper merkt sich das.

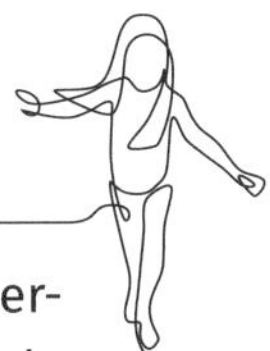

Übung: Dein Körper fühlt.

Nimm dir einen Moment Zeit. Bleib in der Körperhaltung, in der du gerade bist, nimm in den nächsten Minuten ganz genau wahr, wie du dich körperlich fühlst. Wie fühlen sich deine Beine an, wie deine Arme, wie dein Gesäß, dein Rumpf, dein Nacken und dein Kopf? Schwer oder leicht? Kalt oder warm? Reibt oder drückt eine Stelle? Spürst du den Druck auf der Haut oder weiter innen? Wie sitzt oder stehst du da? Fühlt es sich entspannt, angespannt oder gar verkrampft an? Wenn du sitzt, dann steh jetzt auf, ruckel dich zurecht, streck dich und setz dich dann wieder. Hat sich dein Körpergefühl durchs Aufrichten und Strecken verändert? Wenn ja, wie? Was empfinden Sie jetzt? Kannst du ein inneres Gefühl beschreiben? Welches? Nimm ein Notizbuch zur Hand und schreib deine Beobachtungen auf.

Es ist möglich, dass dir das spontane Notieren von Gefühlen nicht leicht fällt. Im Allgemeinen denken die meisten von uns eher selten darüber nach, was sie fühlen. Doch auch, wenn wir nicht danach fragen, unser

Körper nimmt unsere Gefühle auf und drückt sie aus, ohne dass wir es merken.

Unser Körper ist der Botschafter unserer Gefühle. Selbst wenn wir nur telefonieren, verrät der Klang unserer Stimme mehr als nur den Inhalt unserer Worte. Je klarer wir uns über unsere Empfindungen, unseren Gemütszustand und unsere Einstellung sind und je mehr wir unseren Körper spüren und in ihm verankert sind, desto besser können wir unseren momentanen Zustand positiv beeinflussen und gegebenenfalls verändern – durch einen innerlichen oder einen äußeren Impuls, je nach Bedarf.

Übung: Nimm wahr, wie du im Leben stehst.

Konzentriere dich auf deine Körperhaltung, die äußere Haltung und dabei insbesondere auf deinen Stand, also die Art und Weise, wie du dastehst. Zieh dich dafür an einen Ort zurück, an dem du ungestört bist und genügend Platz beziehungsweise ein gutes Raumgefühl hast. Stell dich so hin, wie du normalerweise stehst, wenn du dich in einer Unterhaltung befindest, auf den Bus wartest oder in einer Schlange stehst. Versuche, für diese Übung nicht bewusst gut oder aufrecht zu stehen, sondern so, wie du es gewohnt bist. Fühle in deinen Körper hinein. Du kannst in den Spiegel schauen oder die Augen schließen.

Beginne nun mit der Wahrnehmung deines Standes bei den Füssen. Stehst du mit dem Gewicht mehr auf einem oder auf beiden Füßen? Wenn dein Gewicht auf beiden Füßen verteilt ist, auf welchem Fuß liegt es mehr und auf welchem weniger? Oder liegt das Gewicht auf beiden

Füßen gleichmäßig? Auf welcher Stelle deines Fußes liegt dein Gewicht? Weiter vorne? Weiter hinten? Oder in der Mitte? Wie ist das mit dem zweiten Fuß? An welcher Stelle liegt hier dein Gewicht? Nimm dann deine Beine wahr. Wie entspannt, angespannt fühlen sich die Beine an? Wie ist die Stellung deiner Knie? Hast du die Knie angewinkelt oder durchgedrückt und gibt es einen Unterschied zwischen dem rechten und dem linken Knie? Stehen die Beine auseinander oder zusammen, und wie fühlt sich die Hüfte, das Becken an? Hebst du im Stand eine Beckenseite weiter hoch als die andere?

Gehe dann mit der Aufmerksamkeit weiter zum Rumpf. Stehst du im Hohlkreuz oder ist dein Rücken ganz gerade? Hängen die Schultern nach vorne oder nach unten? Wie ist die Stellung deiner Arme? Hängen sie vor dem Körper oder daneben? Wie sehen die Hände im Stand aus? Sind die Finger entspannt, ist die Hand geöffnet oder zu einer Faust geschlossen? Gibt es Unterschiede zwischen der rechten und der linken Hand?

Und zuletzt: Achte auf Nacken, Hals und Kopf. Welche Stellung hat der Hals? Hältst du den Hals gerade? Sitzt der Kopf über dem Oberkörper oder ist er nach vorne gerichtet?

In dieser Übung geht es zunächst nur um die Wahrnehmung deines Stands. Wie hältst du dich in deinem Alltag? Die Bewusstheit der eigenen Haltung ist Voraussetzung für die Veränderung. Erst wenn wir wissen, wie wir uns halten, können wir entscheiden, ob wir etwas verändern oder verbessern wollen.

Nimm diese Übung auch zum Anlass, die Körperhaltung anderer aufmerksam zu studieren. Du wirst feststellen, dass jeder Mensch ein wenig unterschiedlich dasteht. Der eine hat das Gewicht auf dem rechten, der andere mehr auf dem linken Fuß. Der eine lässt die Schultern nach vorne hängen, der andere ist im Hohlkreuz. Du hast dir im Laufe des Lebens deine persönliche Körperhaltung angewöhnt. Das hat mit deiner ganz eigenen Geschichte zu tun. Diese Haltung richtet sich nicht unbedingt nach dem, was für den Körper am besten und gesündesten wäre. Dennoch gibt es auch für dich eine Körperhaltung, die deinen Körper vollständig entlastet und keine Haltungsschäden verursacht. In dieser Haltung wärst du am widerstands- und leistungsfähigsten. Sie beginnt mit dem funktionalen Stand.

Der Wechsel von Innen und Außen

So dazustehen, wie wir dastehen, haben wir gelernt. Denn Körpersprache ist die erste Sprache, die wir lernen. Wir entwickeln sie auf unterschiedlichen Wegen. Ein Baby lernt in erster Linie durch Beobachtung und Nachahmung. Wenn eine Mutter ihr Kind im Arm hält und es anlächelt, dann ahmt das Kind diese Mimik einfach nach. Es sieht die Mutter strahlen und strahlt zurück. Die Verhaltenspsychologie spricht in dem Zusammenhang von einem Reaktionsmuster. Dieses recht komplexe Zusammenspiel von unterschiedlichen Gesichtsmuskeln gelingt dem Baby bereits innerhalb weniger Wochen und Monate nach der Geburt. Sobald nun das Baby lächelt, bemerkt es eine innere Veränderung, ein Wohlgefühl: Lachen macht Spaß! Und es lacht wieder. Irgendwann hat es sich diese Mimik perfekt angeeignet und kann sie wie eine

Sprache benutzen. Und noch etwas geschieht: Wenn das Baby von sich aus lacht, wird es feststellen, dass die Mutter zurück lacht.

Das Lernen aus Nachahmung ist eine kindliche Gabe, denn sie setzt voraus, dass diejenige Person sich ganz der Nachahmung hingibt. Erwachsene dagegen stecken häufig zu sehr in ihrer erlernten und entwickelten Haltung, um sie für eine hingebungsvolle Nachahmung verlassen zu können. Mit der Nachahmung der Erwachsenen stellt der Säugling den Kontakt zu seiner sozialen Umwelt her. Diese Erfahrung tragen wir als Erwachsene noch in uns und wenden sie, ob bewusst oder nicht, auch später noch an.

Beginnt ein Kleinkind, sich aufzurichten, und lernt zu laufen, bilden sich die ersten Grundlagen für seine eigene Körperhaltung. Die ersten Schritte geschafft zu haben, ist ein unglaubliches Glücksgefühl und ein Ansporn für das kleine Kind, es erneut zu probieren. Es streckt seinen ganzen Körper und steht mit stolz geschwellter Brust da. Der Lernprozess beginnt mit der Nachahmung der Erwachsenen, wird jedoch durch das Entstehen von Glücksgefühlen weiter forciert. Die Körpersprache wird zum Ergebnis einer inneren Entwicklung des Kindes, die von verschiedenen äußeren Faktoren mitbestimmt werden kann. Die Erziehung der Eltern bestimmt, welches Verhalten – und damit auch welche Körperhaltung – akzeptiert wird und welche nicht. Elterliche Reaktionen und ihre eigene Stimmung nehmen Einfluss auf die innere Haltung eines Kindes. Die ersten Grundzüge einer Persönlichkeit entwickeln sich. Auch hier spielt die Nachahmung eine Rolle. Vielleicht hast du es schon einmal selbst erlebt. Du triffst den Sohn eines Freundes zufällig auf der Straße und hast den Eindruck, du siehst in der Bewegung des Kindes die Bewegungen des Vaters wieder. Wir kennen Äußerungen wie „ganz der Vater!“ oder „ganz die Mutter!“. Kinder beobachten ihre Eltern jahrelang und ahmen sie bewusst und unbewusst nach. Sie übernehmen bestimmte Bewegungsmuster, und diese gehen ihnen mit der Zeit in Fleisch und Blut über. Sie werden verinnerlicht und so Teil der eigenen Bewegungsmuster. Auch die Reaktionen der Eltern formen das Körperverhalten der Kinder.

In der Pubertät durchleben Jugendliche eine körperliche Veränderung, der sie relativ machtlos gegenüberstehen. Das Körperwachstum und die hormonelle Entwicklung fordern Energie und verursachen eher Trägheit als Wachstumsfreude. Dafür spielt sich jetzt viel Bewegung im Inneren und im Kopf ab. Jugendliche beginnen, sich über alles und jeden Gedanken zu machen. Sie sind ganz mit inneren Prozessen beschäftigt. Die Folge: Ihre sichtbare Haltung ist diffus. Ihnen könnte ein Schild um den Hals hängen, auf dem steht: „Wegen Umbau verschlossen!“

Dabei wäre auch das Bild der kleinen Raupe Nimmersatt sehr treffend für Jugendliche in der Pubertät: Sie tun nichts als fressen und wachsen. Dann jedoch verpuppen sie sich in ihren Kokon und es geschieht ein Wunder. Die Raupe löst sich auf, um als neues, vollkommen anderes Wesen zu erscheinen: Ein farbenfroher Schmetterling durchbricht die Hülle und kann davonfliegen. Was für ein wunderbares Bild: In die Welt, in die Freiheit hinauszufliegen, bereit für das Leben und die Zukunft. Und das zeigt sich meistens auch in einer veränderten Haltung – innerlich und äußerlich.

Übung: Erträume dir dein Leben.

Stell dir vor, wie du gerne leben willst, was du erreichen willst oder was du gerne können willst. Male dir dieses Zukunftsbild aus, ohne Wenn und Aber. Alles ist möglich. Nimm eine Körperhaltung an, die dich mit diesem Zukunftsbild verbinden würde. Wie fühlst du dich darin? Merk dir dieses Gefühl.

Dein Körper kann das positive Gefühl, das du mit dem Zukunftsbild verbindest, für dich speichern. Du kannst diesen Effekt zusätzlich unterstützen, indem du dir ein Symbol, eine Farbe, eine Musik oder etwas Ähnliches suchst, das du mit dem Gefühl verbindest. Kauf dir beispielsweise eine Postkarte. Jedes Mal, wenn du sie anschaust, wird dir das Gefühl in Erinnerung gerufen. Du wirst Antrieb, Kraft und Motivation bekommen. Es wird dich stärken und so deine Haltung positiv beeinflussen. Auch so entwickeln und verändern wir unsere Haltung.

Die Zeit der körperlichen Herausbildung von jungen Erwachsenen steht ganz im Zeichen der Orientierung. Hier tauchen viele Fragen auf nach der eigenen Identität, den Interessen und den persönlichen Überzeugungen. Glaubenssätze werden überprüft und neu entwickelt. Es geht darum, herauszufinden, wer ich bin, was mich ausmacht, wo meine Qualitäten liegen, und wie ich einmal leben möchte. Abhängig davon wählen Jugendliche ihren Beruf, ihre Hobbies und ihr soziales Netzwerk. Die Wahl einer bestimmten Berufsausbildung prägt in entscheidendem Maße auch die äußerlichen Verhaltensweisen eines Jugendlichen. Schließlich ist es ein enormer Unterschied, ob eine 18-Jährige oder ein 18-Jähriger als Kellner, Büroangestellter, Schlosserin oder Gärtnerin arbeitet. Der Beruf bestimmt nicht nur körperliche Bewegungsabläufe, sondern auch sozial bedingte Verhaltenskodexe. Das körperliche Verhalten einer Servicekraft im Restaurant etwa ist wesentlich stärker von Verhaltensnormen bestimmt als das einer Gärtnerin oder eines Schreiners, und im Sternerestaurant ist eine andere Haltung gefragt als im Pizzaladen um die Ecke.

Parallel dazu entscheiden sich Jugendliche häufig für ein Hobby, das sie über Jahre neben Ausbildung, Studium oder Beruf pflegen werden. Auch hier werden Bewegungsabläufe und damit körperliche Haltungsmuster geprägt. Es ist ein Unterschied, ob jemand sich wöchentlich in einer Fußball- oder anderen Sport-Mannschaft als die starke Sportlerin oder den starken Sportler beweist, als hochintelligenter Schachspieler stundenlang am Tisch sitzt oder eine Rolle als Tänzerin oder Tänzer ausfüllt. Je nach Interesse und Talent entwickeln sich eine Vielzahl an Lebensstilen, die mit bestimmten Attributen und mit Stimmungen verknüpft sind. All das hat Einfluss auf die Körperstatur. Die einen müssen sich aufrichten, um gut tanzen zu können. Sie werden diese Tanzhaltung mit in den Alltag nehmen. Andere dagegen lernen beim Sport zu kämpfen oder sitzen beim Schach hochkonzentriert stundenlang auf ein und demselben hölzernen Stuhl. Bei Jugendlichen sind die Übertragungen solcher Trainingseffekte auf ihr gesamtes Verhalten, auch in der Zukunft, besonders groß.

Dazu kommt im Jugendalter noch die Auseinandersetzung mit dem eigenen Körper, der sich allmählich zu einem erwachsenen Körper umformt. Die Identifikation mit der jeweiligen Geschlechterrolle ist in dieser Phase von größter Bedeutung. Die körperliche Entwicklung schreitet dabei so schnell voran, dass es eine Herausforderung darstellen kann, innerlich mit dieser Entwicklung Schritt zu halten. Ein eindrückliches Beispiel sind junge Mädchen, die einen großen Busen bekommen. Ihr neuer Erwachsenenkörper wird nicht nur von ihnen selbst, sondern auch von ihrem Umfeld wahrgenommen. Diese Wahrnehmung ist für sie neu und ungewohnt. Vielleicht ist ihr Selbstbewusstsein in dem Moment noch nicht so weit, dass sie die Reaktionen der anderen als angenehm empfinden können. Vielleicht glauben sie, in den Blicken eine Ablehnung zu spüren oder eine Art von Aufmerksamkeit, die unangenehm ist. Die Unbeholfenheit der Jugendlichen gegenüber ihren geschlechtlichen Veränderungen äußert sich nicht selten auch in verletzenden Bemerkungen und Hänseleien. Die Folge all dessen kann sein, dass die Mädchen versuchen, ihren Busen zu verstecken und dafür eine leicht zusammengezogene Haltung einnehmen, in der die Schultern nach vorne geneigt werden. Auch solche Haltungen werden mit der Zeit verinnerlicht und formen die ganz persönliche Statur. Wie stark und langfristig diese Haltung zur eigenen wird, hängt mit der Entwicklung, den Erlebnissen und Erkenntnissen in den nächsten Jahren zusammen.

In der Phase des jungen Erwachsenenalters entscheidet sich also in erheblichem Maße, mit welcher Haltung der Mensch durchs Leben geht, ob wir krumm oder gerade dastehen und was wir von der Welt und unseren Mitmenschen halten. Der Körper ist ein sensibler Speicher. Oftmals halten wir uns jahrelang so, wie es sich in der

Jugend ergeben hat, obwohl wir später das Selbstbewusstsein hätten, einen großen Busen zu tragen oder mit festen Schritten aufzutreten.

Im Erwachsenenalter wird unsere gesamte Haltung immer stärker von einem weiteren wichtigen Faktor beeinflusst: dem Älterwerden. Nur allzu schnell müssen wir feststellen, dass dieses Altern nicht mit einer Zunahme an Kraft, sondern mit dem Gegenteil einhergeht. Wir bekommen Falten, unsere Haare werden grau, der einen oder dem anderen tut vom vielen Sitzen in der Arbeit der Rücken weh, unsere ganze Statur beugt sich etwas, und wir werden wieder kleiner – kurz, wir werden schwächer. Im Idealfall entwickelt sich während dieser äußerlichen Veränderungen auch die innere Haltung weiter, und so werden Außen und Innen in Kongruenz, sprich in Einklang miteinander verbunden.

Der Einklang von innerer und äußerer Haltung

Diese Kongruenz, dieser Einklang ist nicht nur im Alterungsprozess ein Schlüsselbegriff. Er gilt ganz allgemein für das Zusammenspiel von innerer und äußerer Haltung. Es ist im Grunde genommen ganz einfach: Nur wenn unsere Körperhaltung und Entwicklung mit unserer inneren Einstellung und unserem Geist übereinstimmen, können wir unsere Haltung klar kommunizieren. Das bedeutet, unsere Aussagen passen mit unserer Körpersprache überein. Darin zeigt sich Souveränität, oder anders ausgedrückt: Wir sind souverän, wenn wir kongruent kommunizieren. Kongruenz verhilft uns zu Authentizität und Souveränität.

Widersprechen sich innere und äußere Haltung, sprechen wir von Inkongruenz. Sie kann viele Ursachen haben. Sei es dadurch, dass wir uns innerlich dagegen auflehnen, körperlich abzubauen, sei es dadurch, dass ein Unfall oder eine schwere Erkrankung Körper oder Geist beschädigt. Oder auch dass körperliche Veränderungen wie in der Pubertät oder im Alterungsprozess die innere Entwicklung überholen. Wenn wir das Bewusstsein für Inkongruenz schärfen, diese wahrnehmen und wissen, wie sie zustande gekommen ist, können wir diese als Signal nutzen und neu wählen, wie wir uns halten wollen. Sie ist ein Zeichen, ein Anzeiger, dass Veränderungsbedarf besteht. Sie warnt uns und zeigt uns ein Stoppschild. Es geht hier darum, innere und körperliche Grenzen wahrzunehmen, zu akzeptieren und nicht zu überschreiten.

Kommen dir diese Sätze bekannt vor: „Eigentlich habe ich schon am Anfang gewusst, dass meine Arbeit für mich nicht die richtige ist, aber ...“ oder „Eigentlich tut mir der Rücken nicht erst seit gestern weh. Er schmerzt schon seit Jahren, aber ...“? Inkongruenz zeigt uns genau dieses „aber“. Wir haben die Chance, daran zu arbeiten und Kongruenz herzustellen, bzw. zu einer innerlich und äußerlich stimmigen Person zu werden und damit an unserer souveränen und authentischen Haltung zu arbeiten, wenn wir das „aber“ beachten und nicht übergehen.

Ein zuverlässiger Botschafter von Unstimmigkeiten kann unser Körper werden. Viele Menschen sind heutzutage von körperlichen Beschwerden wie Nackenverspannungen, Kopf- und Rückenschmerzen, Schwindel oder auch Schmerzen in Gliedmaßen geplagt, nicht zuletzt vom vielen Sitzen. Diese Symptome sind Anzeichen dafür, dass etwas an unserer Haltung nicht stimmt. Schmerzen können durch Fehlbelastungen, mangelnde Bewegung und Stress entstehen. Die richtige Reaktion auf körperliche Beschwerden wären Ruhe, Bewegung und Krankengymnastik. Stattdessen werden Schmerzmittel eingenommen, um weiter leistungsfähig für Familie und Beruf zu bleiben oder die Zeit bis zur vollen Leistungsfähigkeit zu überbrücken. Das Problem dabei ist, dass die Inkongruenz der inneren und äußeren Haltungen dadurch bestehen bleibt, und daher funktioniert die medikamentöse Behandlung nur bedingt und selten langfristig. Bleibt die Besserung aus, werden Alkohol oder Schmerzmittel genommen, um die Symptome abzumildern, meist über längere Zeit, und in der Dosis oftmals erhöht.

Die Ursache wird so nicht aus dem Weg geräumt, etwa Zeitmangel, Druck in der Arbeit oder auch der innere Schweinehund, der nur schwer zu überwinden ist. Auch wirkt die Umstellung der Lebensweise zunächst nicht so schnell wie eine Tablette, sondern ist nicht selten ein langer und mühsamer Weg. Dennoch ist es gerade eine ungesunde innere Einstellung zu den eigenen körperlichen Symptomen, die zu einer lebenslangen Plage, zur Qual oder schließlich ernsthaften Krankheit werden kann. So wird etwa die Hürde, sich zu bewegen immer größer, je größer die Beschwerden dabei sind. Die regelmäßige Einnahme von Schmerzmitteln erzeugt auf Dauer Nebenwirkungen, die den Schmerz steigern anstatt zu lindern. Ein Teufelskreis, in dem viele von uns heute schier ausweglos gefangen sind und aus dem irgendwann nur noch Operationen helfen können. Im schlimmsten Fall sind sogar irreversible Schäden entstanden.

Um im Einklang mit uns selbst zu leben, können wir nicht immer nur funktionieren. Schwach oder krank zu sein, ist ein Teil unserer körperlichen Realität. Wenn sich Schwäche oder Krankheit in unserer Haltung niederschlagen, dann zeigt sich eine Seite, die zu uns gehört. Doch unsere Gesellschaft kann mit Schwäche und Krankheit nicht gut umgehen und suggeriert ständig: Sei stark, sei gesund, sei perfekt!

Mit was für einer großen Kraft das geschieht, wird in der Werbung deutlich, die auf allgegenwärtigen Plakaten, in Radio- und TV-Spots sowie im Internet unser tägliches Bild von der Welt beeinflusst. Ein besonders drastisches Beispiel für unser problematisches Verhältnis zu Krankheit und Schwäche liefert ein Werbespot für ein Grippemittel, der vor ein paar Jahren in den Medien rauf und runter lief: Darin wurde ein Mann gezeigt, der eine Erkältung bekommt und sich beim ersten Niesen in eine kleine schlappe Zeichentrickfigur im grauen Pyjama verwandelt. Schon die eigentlich völlig harmlose Erkrankung entmenschlicht ihn also, und er wird daraufhin von den Kollegen wie ein Alien angeglotzt. Erst, als er das Grippemittel eingenommen hat – und daraufhin natürlich sofort gesundet –, verwandelt er sich wieder in einen Menschen und klopft sein krankes Zeichentrick-Alter-Ego in die Mülltonne. Der Slogan trällert schließlich sinngemäß das Fazit: „Damit Sie wieder Sie selbst sein können."

Der schwache Anteil eines Menschen wird hier gnadenlos aus dem persönlichen Selbstbild verbannt. Mit einer gesunden und natürlichen Haltung hat das nichts zu tun. Auch wenn wir schon als Kinder gelernt haben „Ist ja nicht so schlimm!", kennen wir alle die durchaus großen

Schmerzen einer leichten Verletzung, etwa, wenn wir uns das Knie aufschlagen. Und wir alle wissen, wie sehr wir in der Lebensqualität eingeschränkt sind, wenn eine Stelle des Körpers nicht funktioniert und ständig unsere Aufmerksamkeit auf sich zieht, etwa weil wir Bauchkrämpfe haben. Und auch, wenn wir wissen, dass dieser Schmerz bald wieder vorbeigeht, nimmt er uns Kapazitäten, die wir für andere Dinge bräuchten. Die Folge ist, wir reagieren gereizt und sind angespannt, spüren innere Unruhe, sind unausgeglichen und übersensibel. Unser Körper ist von der Natur so konstruiert, dass wir auf keinen Teil verzichten können. Auch wenn wir uns irgendwie behelfen können, um einen schwachen oder kranken Teil zu kompensieren, müssen wir an anderer Stelle einen größeren Aufwand betreiben.

Ob wir an Muskelverspannungen leiden oder an möglicherweise chronischen Erkältungen, in beiden Beispielen könnte Inkongruenz als Signal für die Notwendigkeit einer Veränderung wahrgenommen werden. Das Was und Wie der Veränderung sieht jedoch ganz unterschiedlich aus. Im ersten Beispiel ging es um körperliche Fehlhaltungen durch zu viel Sitzen und zu wenig Bewegung und um das inkongruente Verhalten, den Schmerz mit Medikamenten zu betäuben. Hier setzt die Veränderung zunächst am Körper an. Die Lösung wäre, das Bewegungspensum bewusst zu steigern und speziell die Rückenmuskulatur zu stärken. Dazu kommt das Bewusstsein darüber, dass die Einnahme von zu vielen Medikamenten über einen langen Zeitraum die Ursache der Schmerzen nicht beseitigt, sondern den Körper zusätzlich belastet.

Im Falle von chronischen Erkrankungen oder chronischen körperlichen Beschwerden wie etwa Folgen eines

Unfalls kann der Schmerz dagegen nicht beseitigt werden. Hier geht es darum, an seiner Einstellung zu arbeiten und den Schmerz in das Leben zu integrieren. Es geht darum, einen Weg zu finden, mit den Schmerzen leben zu können. Die Ursachen von Inkongruenz und auch unsere Reaktionen darauf können völlig verschieden sein. Die Wahrnehmung dieses unstimmigen Verhaltens, das meist ein ungutes Gefühl in uns hervorruft, ist aber ein Zeichen für Veränderungsbedarf und damit eine Chance auf Entlastung, sie wäre also der erste Schritt zur Veränderung.

Übung: Deine persönlichen Entwicklungsfelder

Du hast schon deine individuelle Haltung im Stehen wahrgenommen, in der du dich wohlfühlst? Wenn ja, dann begib dich nochmals in diese Haltung. Nimm deinen Körper wahr. Fühle Kopf, Nacken und Schulterbereich. Dann die Arme und Hände. Danach den Oberkörper mit Brustbereich und Bauch. Geh zum Rücken über. Wie fühlt er sich an, von den Schultern bis hinab zum Becken. Konzentriere dich dann auf Beine, Knie und Füße. Was fühlt sich stimmig an? Was nicht?

Lass dir viel Zeit für diese Übung. Wenn sich deine Haltung dabei verändert, schüttel die Gliedmaßen aus, lass den Kopf kreisen, schüttel noch einmal und nimm erst dann erneut deine Haltung ein.

Nimm ein Notizbuch zur Hand und schreibe auf:

- Was fühlt sich an deiner Körperhaltung stimmig an? Meist sind das auch die Dinge, die du an dir magst.

- Was fühlt sich unstimmig an? Du kannst es auch als unbequem, verspannt, angespannt wahrnehmen oder als das, was du nicht an dir magst.
- Hast du eine Idee, warum sich etwas unstimmig anfühlt?
- Weißt du, wie du zu deiner Haltung gekommen bist?
- Gibt es etwas, was du an deiner Haltung mit deiner Geschichte verbinden kannst?
- Hast du etwas von jemandem übernommen?
- Hattest du prägende Erlebnisse, die deine Haltung beeinflusst haben?

In einem nächsten Schritt schreibe auf, wie es dir körperlich geht.

- Hast du Beschwerden?
- Hast du sich wiederholende, andauernde Schmerzen? Wenn ja, kennst du die Ursache der Beschwerden?
- Könntest du diesen Ursachen entgegenwirken?
- Was hindert dich daran?

All das, was du hier notiert hast, zeigt deine Baustellen. Es sind die Bereiche, in denen Veränderung eine Verbesserung bedeuten könnte.

Die äußere Haltung entsteht aus Nachahmung und innerem Empfinden und wird von körperlichen Bedürfnissen geprägt. Wenn unser Körper uns immer wieder Signale gibt, auf die wir nicht mit einer entsprechenden inneren Haltung reagieren, verhalten wir uns inkongruent. Das schlägt sich über kurz oder lang auch in einer wenig authentischen und in vielen Fällen auch ungesunden Haltung nieder. Also etwa in Lebenseinstellungen und Verhaltensweisen, die unseren Bedürfnissen vollkommen entgegenstehen. Außen und Innen hängen unmittelbar zusammen. Authentisch leben können wir nur, wenn unsere äußere und unsere innere Haltung übereinstimmen. Und genau diese Übereinstimmung ist letzten Endes Voraussetzung für eine innere Stabilität, denn wenn die innere Haltung ständig einem Widerspruch von Außen standhalten muss, kommen wir nicht zur Ruhe.

Stimmiges und unstimmiges Verhalten

Jede Körperhaltung ist mit Reaktionen und Interpretationen derjenigen verbunden, die sie sehen. Das bedeutet, wir zeigen etwas nach außen und haben eine Wirkung auf andere Menschen. Ob das, was andere sehen, sich mit dem deckt, was in uns steckt, wissen wir nicht. Viele unserer Körpersignale passieren unbewusst. Paul Watzlawick, ein bedeutender Kommunikationstheoretiker des zwanzigsten Jahrhunderts, hat dieses Phänomen in einem prägnanten Satz zusammengefasst: „Wir können nicht nicht kommunizieren."

Was bedeutet das? Watzlawick setzte Kommunikation mit Verhalten gleich. Er sagte, auch wenn wir nicht sprechen, kommunizieren wir über unseren Körper. Diese nonverbale Kommunikation macht aber einen großen Teil unseres Ausdrucks und unserer Wirkung aus. Stellen wir uns vor, eine Frau mit gewissem öffentlichen Ansehen müsste vor einem größeren Publikum eine Niederlage bekanntgeben. Etwa den Rücktritt von einer angesehenen Position oder das Scheitern einer sehr wichtigen Verhandlung.

Und stellen wir uns vor, ihr Assistent würde die ganze Zeit daneben stehen und lächeln. Vielleicht würden wir noch denken, dass diese Mimik des Assistenten gut gemeint ist, aber sie würde uns irritieren. Wir könnten uns möglicherweise gar nicht mehr auf die Worte der Frau konzentrieren, weil wir uns ständig fragen würden, was in ihrem Assistenten vorgeht, und aus welchem Grund er in dieser schwierigen Situation lächelt. Vermutlich würden wir ihn unsympathisch finden.

Auch du hast sicher schon einmal einen anderen Menschen bewertet, ohne dass er ein Wort gesprochen hat, sogar ohne dass du ihn persönlich kennst. Unser gesamtes Verhalten, alles was wir tun oder nicht tun, hat Mitteilungscharakter. Was passiert eigentlich alles, wenn wir einen „ersten Eindruck" von einem Menschen bekommen? Egal, wie tolerant oder intolerant wir sind, dieses Phänomen des ersten Eindrucks erleben wir alle: Eine uns unbekannte Person kommt zur Tür herein, wir schauen sie nur an, und schon haben wir sie in einen bestimmten Zusammenhang eingeordnet, sie steckt in einer Schublade, noch bevor sie den Mund aufgemacht hat. Wir bewerten einen Menschen zunächst immer anhand seiner Haltung und seines Auftretens. Schubladendenken und Vorurteile existieren vermutlich in jedem von uns, in manchen mehr, in anderen weniger. Können wir dieses Denken ablegen? Wir sollten es zumindest versuchen. Denn eine vorurteilsfreie Wahrnehmung ermöglicht es uns, anderen Menschen unvoreingenommen und damit authentisch gegenüberzutreten. Der Schlüssel für authentisches Verhalten liegt also darin, wie du andere wahrnimmst. Und genau das kann auch deine innere Stabilität beeinflussen. Wir sehen die Menschen um uns herum in ihrer jeweiligen Haltung. Jede Haltung drückt etwas aus.

Jeder Körper spricht zu uns. Anstatt uns sofort eine Meinung über eine fremde Person zu bilden, können wir ihrer Körpersprache auch zuhören, neugierig sein und uns fragen, was sie uns Interessantes zu sagen hat. Die entscheidende Frage ist: Wie stehe ich zu dieser anderen Person? Und was macht sie mit mir? Stärkt sie mich? Lässt sie mich innerlich stabil dastehen? Oder verunsichert sie mich und bringt mich ins Wanken? Stelle dir diese Fragen. Wichtig dabei ist jedoch: Werte deine Beobachtung nicht. Stabilität kann gut sein oder dazu führen, dass du irgendwann festgefahren bist. Ins Wanken zu geraten, kann dich zu Fall bringen oder dich flexibel machen und offen für Neues. Beides ist erst einmal weder gut noch schlecht. Die andere Person ist ebenfalls nicht von vornherein.

Übung: Beobachte dein Bewertungsverhalten.

Ein kleines, aber sehr wirksames Experiment, um die eigenen Bewertungsmuster zu überprüfen und zu hinterfragen, ist folgendes: Gehe in ein Café oder mache einen Spaziergang durch die Stadt. Gehe an Plätze, wo sich viele Menschen aufhalten, und beobachte diese in ihrer Körperhaltung und Gestik. Beobachte dich selbst, was du über die anderen denkst und wonach du sie bewertest. Worauf schaust du? Was empfindest du spontan als positiv, was als negativ?

Eine souveräne und authentische Haltung gibt nicht nur dir selbst innerlich Stabilität, sie ist auch eine wesentliche Voraussetzung, um das Vertrauen anderer Menschen zu bekommen. Wenn innere und äußere Haltung nicht zusammenpassen, sind wir gefordert, etwas zu verändern. Und Veränderung ist möglich, immer und überall. Dieser Prozess begleitet uns ein Leben lang. Viel zu wenig wird in unserer heutigen Gesellschaft dabei auf die Rolle des Körpers geachtet und mit ihm gearbeitet, obwohl er eine riesige – und nicht selten brachliegende – Ressource ist, die wir mit wenig Aufwand extrem wirkungsvoll in Szene setzen könnten. Schon kleine Veränderungen am Körper, eine minimale Aufrichtung, entspannte Schultern verleihen unserem gesamten Auftreten eine positivere Ausstrahlung.

Wer achtsam mit seinem Körper umgeht, erweckt auch bei seinen Mitmenschen Wohlwollen. Denk nur an das spontane „Gut siehst du aus!" bei einer Begrüßung. Schon kleine Veränderungen im Alltag können hier Wirkung zeigen. Regelmäßige Spaziergänge oder das Benutzen von Treppen anstelle von Rolltreppen oder Aufzügen machen einen Unterschied und beeinflussen das Wohlbefinden positiv. Wir können unsere innere Einstellung verändern und uns vornehmen, ins Bett zu gehen, wenn wir krank sind, bis wir wirklich auskuriert sind. Es wird sich etwas verändern. Wir gehen dann nicht nur mit unserem Körper wertschätzend um, sondern auch mit unseren Mitmenschen, die wir im Zweifel anstecken würden. Wir lassen uns den Raum, den unser Körper braucht, um gesund zu werden, in einer Zeit, in der wir krankheitsbedingt ohnehin weniger leistungsfähig wären. Wir tragen also die Verantwortung dafür, dass wir gesund und stabil bleiben und nicht wegen Burnout monatelang ausfallen, weil wir das Stopp-Signal mehrfach nicht beachtet und wie eine Maschine immer weiter funktioniert haben.

Einstellungen sind beweglich

Was wir lernen, können wir auch umlernen (und natürlich auch wieder verlernen). Du kannst wählen, wie du leben willst, wenn du dich bewusst mit deiner Haltung auseinandersetzt. Das gibt dir innere Ruhe und Stabilität. Ein Beispiel: Stelle dir vor, du stehst in einer Warteschlange an der Supermarktkasse, beim Fahrkartenschalter, an der roten Ampel. Wir alle verbringen viel Zeit mit Warten. Zeit, die wir objektiv gesehen, auf andere Weise nutzen könnten. Wir können uns aber auch entscheiden, wie wir diese Situation bewerten. Du kannst einem Gedankenmuster wie diesem folgen: „Ich hasse Warteschlangen, sie kosten mich nur unnötig Zeit, und das bedeutet: Ich verliere etwas. Langsam bekomme ich Aggressionen auf die alte Frau vor mir, die ewig braucht, um ihre Münzen rauszukramen. Kann die nicht wann anders einkaufen? Die hat doch den ganzen Tag Zeit! Die hält bloß den ganzen Verkehr auf.“ Mit solchen Gedanken geht der Impuls einher, von einem Bein aufs andere zu tänzeln, laut zu seufzen, damit andere die eigene Ungeduld auch zu spüren bekommen oder der völlig fremden Kundin auf die Pelle zu rücken. Merkst du was? Stabilität sieht anders aus.

Begegnest du der Situation in der Warteschlange in dieser Haltung, hast du keinen Raum mehr übrig für Reflexion oder dafür, dich in die Lage der Mitwartenden und der Person hinterm Schalter oder der Kasse einzufühlen. Du bist dann auf deinem eigenen Planeten und drehst dich nur um dich selbst, mitsamt deinem wachsenden und dich aus der Stabilität bringenden Stress und deinen dich immer stärker steuernden momentanen Befindlichkeiten. Diese wirst du natürlich nicht los, weil du weder von deinem Stern herunterkommen, noch den anderen deine Lage begreiflich machen kannst. Im schlimmsten Fall sitzen alle Wartenden auf ihren eigenen Sternen. Und keine bzw. keiner verhält sich objektiv gesehen der Situation angemessen, geschweige denn souverän.

Hast du diese Haltung in der beschriebenen Situation einmal eingenommen, kann sich eine Eigendynamik entwickeln: Du ärgerst dich mittlerweile maßlos über die langsame Kassiererin und die noch langsamere alte Frau vor dir, machst deinem Ärger aber in der Warteschlange nicht Luft, am Ausgang des Supermarkts platzt du innerlich fast. Dann steigst du ins Auto, um schnellstmöglich zur Arbeit zu fahren. In dir brodelt der Ärger über eine zehnminütige Verspätung, und schon findest du dich in der nächsten, vergleichbaren Situation an der roten Ampel wieder. Noch ein kleiner Anstoß, beispielsweise ein Fahrradfahrer, der dir die Vorfahrt nimmt, und dein inneres Fass läuft über, du rastest aus, schreist deine Mitmenschen an oder bekommst körperliche Beschwerden. Kurz: Du bist überlastet. Und alles wegen zehn Minuten nicht eingeplanter Wartezeit. Dass sich deine eigene Wirkung auf andere Menschen in diesem Moment immer mehr verschlechtert, nimmst du jedoch kaum wahr.

Das muss nicht so geschehen. Wir haben es in der Hand, wir können eine andere Perspektive einnehmen und die Situation wie folgt bewerten: „Wie schön, dass ich mal Pause habe, jetzt kann ich einen persönlichen freien Augenblick genießen, in dem ich nichts anderes tun kann und muss. Genau betrachtet, ist es doch egal, ob ich fünf oder zehn Minuten länger brauche oder nicht. Und selbst wenn es zu einer leichten Verspätung kommt, davon geht die Welt nachher auch nicht unter.“

Begegnest du der Situation in der Warteschlange in dieser emotional positiv gestimmten Haltung, dann wird dich weder die Länge der Warteschlange, noch ein anderer Kunde und schon gar nicht der Mensch hinter dem Schalter oder an der Kasse aus der Fassung bringen können. Je länger das Warten andauert, desto mehr hast du ja Zeit für dich. Vielleicht hilfst du sogar der älteren Dame vor dir, ihre einzelnen Münzen aus dem Geldbeutel zu kramen, um zu bezahlen. Denn du hast die Muße, dich in die Dame hinein zu fühlen und dir klarzumachen, dass es ihr ein inneres Bedürfnis ist, passend zu zahlen, dass sie vielleicht noch nie eine EC-Karte in den Händen gehalten hat, dass sie schlecht sieht und ihr Alter ihre Bewegungen langsam hat werden lassen. Kurzum, dass sie nicht absichtlich den Verkehr aufhält, sondern sich so verhält, wie es ihrer Situation entspricht, und im Rahmen dessen ihr Bestes tut.

Bist du geduldig oder hilfst ihr sogar, wirst du den Supermarkt mit einem guten Gefühl verlassen. Und in dieser Haltung kann dich im weiteren Tagesablauf nichts mehr so leicht anfechten, seien es andere Autofahrer, Ärger an der Arbeit, Streit in der Familie. Auch deinem Körper wird diese innere Entspannung gut tun, und es wird dir anzusehen sein. Du wirst dich rundum besser halten, und auch deine Mitmenschen werden dich vermutlich ganz sympathisch finden.

Du, und nur du, hast die Freiheit und die Macht, selbst zu entscheiden, aus welcher Perspektive du eine Situation wie die ungeplante Wartezeit betrachten und bewerten willst. Diese Bewertung wird sich unweigerlich in deine Haltung niederschlagen, dir selbst und den anderen gegenüber. Die positive Bewertung wird dir zu mehr

Gelassenheit verhelfen. Doch um in jeder Situation so reagieren zu können, braucht es Übung. Gelegenheit dazu hast du im Grunde jeden Tag.

Beispielhaft gut gelaunte Schlangesteherinnen und -steher sind übrigens die Menschen in Großbritannien. Sie sind bekannt dafür, dass sie ohne Murren stundenlang (und gerne bei nasskaltem Nieselregen) in elend langen Schlangen stehen, um etwa Kinopremieren oder Konzerte zu besuchen oder auch mal einen neuen Band ihres geliebten Bestsellerautors zu ergattern. So geschah es auch vor der Trauerfeier zum Tod von Königin Elizabeth II: Tausende Besucherinnen und Besucher, die den letzten Weg der Queen nach Windsor Castle säumten, um einen letzten Blick auf ihre geliebte Monarchin werfen zu können und von ihr persönlich Abschied zu nehmen, warteten teilweise an die zwanzig Stunden auf den Zugang zum Straßenrand. Die Britinnen und Briten brachte das lange Warten aber keineswegs aus der Ruhe, im Gegenteil: Weltweit wurde berichtet, dass die allermeisten von ihnen das die Wartezeit dazu nutzten, den anderen meist wildfremden Wartenden schöne, bewegende und auch lustige Erlebnisse von und mit ihrer Königin zu erzählen, um gemeinsam zu weinen und zu lachen. So gaben sie mit ihrer schier grenzenlosen Geduld und ihrer unbeirrbaren positiven Stimmung sich und anderen Menschen innere Stabilität in einer emotional schweren Stunde. Und das wird ihnen und der Welt in Erinnerung bleiben.

Übung: Alles braucht seine Zeit.

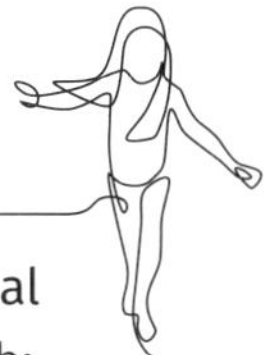

Probiere es einmal aus, wenn du das nächste Mal in einer Warteschlange stehst. Sag dir innerlich: „Ich kann jetzt die Zeit nicht schneller machen, ich habe die Zeit für mich." Überlege, wie du dich hinstellen kannst, damit es für dich bequem und entspannt ist.

Wie geht es dir im Moment?

Fühle dann in deinen Körper und erinnere dich:
Stehst du mit dem Gewicht auf einem oder auf beiden Beinen gleich verteilt?

Wie fühlen sich dein Nacken, deine Schultern an. Entspanne deine Schultern, deinen Kopf. Fühle in dich hinein.

Ist dein Oberkörper aufgerichtet?

Spürst du in einem Bein Druck oder Schmerzen?

Korrigiere dich ein wenig. Geh mit der Aufmerksamkeit nach innen und überlege, was du heute Gutes tun kannst. Dann betrachte die Menschen um dich herum aus einer ganz neutralen Perspektive.

Entdeckst du etwas Interessantes an ihnen?

Vielleicht trägt ja jemand ein Kleidungsstück, das dir gefällt und dich auf neue Ideen für den Kleiderschrank bringt.

Allein, wenn du die Warteschlange für diese Übung nutzt, wirst du feststellen, dass dabei ein großer Teil deiner Wartezeit vorübergeht.

Den gleichen Effekt haben übrigens die Entdecker-Spiele unserer Kinder während der langen Autofahrten, etwa die Spielregel: „Komm, wir zählen alle roten Autos." Damit vertreiben sich Kinder nicht nur die Zeit. Sie sind auch ganz im Hier und Jetzt, denn dieses Spiel lässt sich natürlich am besten im Auto spielen. Es gibt aber eine Menge dieser spielerischen Tricks, die wir uns von Kindern abschauen können. Von ihnen können wir lernen, wie wir aus fast jeder Situation etwas Spaß, Unterhaltung oder auch Entspannung herausholen können.

So wie wir unsere Haltung zu solchen Wartezeiten verändern können, können wir auch an unserer Haltung zu unseren Mitmenschen arbeiten. Oft packen wir Menschen auf den ersten Blick in Schubladen, ordnen ihnen gewisse Eigenschaften zu und begegnen ihnen entsprechend. Was können wir also tun, um unser Gegenübers nicht von vornherein in eine Schublade zu sperren? Wie können wir lernen, die Haltung bzw. Körpersprache unseres Gegenüber zu verstehen? Zuallererst müssen wir uns bewusst machen, wie wir uns neuen Menschen oder Situationen gegenüber verhalten. Wir gleichen alles Neue mit unseren Erfahrungen und unserem Wissen ab. Wenn wir jemanden Neues kennenlernen, befinden wir uns in einer inneren Auseinandersetzung. Ein ganzer Apparat von Vergleichen und Bewertungen kommt in Gang, um eine Einschätzung der Situation zu finden.

Dieser Bewertungsmechanismus liegt natürlichen Verhaltensmustern aus unserer frühesten Evolutionsgeschichte zugrunde und war einst nötig, um sich für eine klare Reaktion zu entscheiden. Im Wesentlichen lag die Wahl zwischen Annäherung, Angriff oder Flucht.

Auch wenn wir mittlerweile eine hochentwickelte Spezies sind, die in einer hochkomplexen Welt lebt, sind diese einfachen Impulse immer noch in jedem von uns vorhanden. Und sie sind stark. Wenn wir uns dessen bewusst sind, wie schnell wir bewerten, haben wir den ersten Schritt zur Veränderung schon getan. Wir haben wahrgenommen, dass wir bewerten. Wir können unser Verhalten ändern, indem wir uns von dem Bild befreien, das wir uns vom Anderen gemacht haben. Wir geben ihm und uns eine zweite Chance und vielleicht auch eine dritte, einander wieder bewusst unbelastet zu begegnen. Wir können uns auch fragen, was die Bewertung des anderen über unser Wertesystem aussagt. Nach welchen Kriterien beurteilen wir jemanden und „sortieren“ ihn ein. Hier werden unsere inneren Haltungen deutlich. Sobald sie uns bewusst sind, können wir sie verändern.

Impuls: Wie bewertest du?

Denke an die letzte Begegnung mit einem Freund oder Arbeitskollegen, bei der du gedacht hast: „Typisch ...! Klar, dass diese Person so reagieren muss, er oder sie ist ja ...“. Hol dir nochmals ins Gedächtnis, was genau du gedacht hast. Zu welcher Bewertung, zu welchem Urteil bist du gekommen? Was hat dich „typisch“ denken lassen.

Gib dieser Person nun eine zweite Chance, indem du die Bewertung zurücknimmst und ihr mit einer neuen Haltung begegnest. Ruf dir ins Gedächtnis, was du an der Person schätzt und magst, vielleicht sogar bewunderst. Versuch, einen Gedanken wie diesen zuzulassen: Jeder Mensch gibt zu jeder Zeit im Rahmen seiner Möglichkeiten sein Bestes. Damit nimmst du eine neutrale, wertungsfreie Grundhaltung ein. Diese Grundhaltung hat den Vorteil, dass sie viele kleine Unannehmlichkeiten relativieren kann. Du bleibst dann nicht bei Kleinigkeiten hängen wie „Typisch, der hat sich mal wieder in den Vordergrund drängen müssen!“, sondern vermeidest Bewertungen, indem du eine Grundhaltung einnimmst, die dich verständnisvoll und wertschätzend bleiben lässt. Diese Grundhaltung wird sich positiv auf sämtliche Beziehungen auswirken, dich zufriedener und ausgeglichener machen.

Der Weg zu einer offenen, unvoreingenommenen Gestaltung von Beziehungen beginnt bei der Bewusstwerdung der eigenen Haltung, der eigenen inneren Einstellung und der eigenen Bedürfnisse. Sobald sie uns bewusst sind, können wir sie auch auf angemessene Weise zum

Ausdruck bringen. Nur wenn wir uns und den anderen die notwendige Zeit gönnen, eine Haltung zur neuen Situation, Person oder Aufgaben zu entwickeln, können wir sie meistern. Andernfalls entsteht wie von selbst eine Unwucht, die wir nicht mehr oder nur mit viel Mühe austarieren können.

Der wichtigste Schritt zur Veränderung ist also die Wahrnehmung der inneren Einstellung, die sich auf die äußere Haltung überträgt. So schaffen wir die besten Voraussetzungen, um an unserer Haltung zu arbeiten, sie zu verändern und damit nicht nur anderen, sondern auch uns selbst das Leben angenehmer zu gestalten. Wir können davon nur profitieren, denn gesunde, ehrliche soziale Beziehungen und ein authentisches Miteinander sind eine wichtige Ressource. Sie geben uns Kraft und Halt für unsere eigene innere Stabilität.

Eine klare Haltung braucht Raum

Im Bestreben nach Raum für die innere Arbeit macht uns oft unser durchgetakteter Alltag einen Strich durch die Rechnung. Wenn der Tag zu voll gestopft ist mit Pflichten, dann fehlt uns der Raum, uns selbst zu fragen, ob wir zu einer bestimmten Situation die richtige Haltung einnehmen. Dann haben wir keine Möglichkeit, uns in der Warteschlange zu entspannen. Wir haben einen riesengroßen Druck, der ständig weiter wächst, und wir sind irgendwann außer uns vor Stress. Wir übersehen, dass wir uns auch innerlich Freiräume schaffen müssen, um in Balance zu bleiben. Wir alle kennen diese Tage, an denen wir eine E-Mail zehnmal lesen müssen und gar nicht vom Fleck kommen. Und dann gibt es Tage, an denen uns die Arbeit wie von selbst von der Hand geht und wir das Doppelte in der Hälfte der Zeit schaffen. Es liegt nicht daran, dass wir an einem Tag unfähiger sind als am anderen. Wir sind nur innerlich voll. Wir sind besetzt von anderen Themen. Vielleicht liegt eine Entscheidung an, die du noch nicht treffen kannst und mit dir herumträgst. Vielleicht spüren wir, dass es einem Menschen, der uns nahesteht, nicht gut geht. Auch das zu tragen ist anstrengend und Arbeit, innere Arbeit.

Bewerten wir solche inneren Prozesse höher: Wenn du merkst, dass du lange über einen Angehörigen nachdenkst oder über ein Problem, das du mit einer Kollegin hast, dann rechne diesen inneren Aufwand als Arbeitszeit an. So wirst du merken, wie viel du bereits leistest, bzw. wofür du dir mehr Freiraum schaffen müsstest.

Wir können und sollten uns also auch immer wieder Pausen nehmen, um in unseren Körper hinein zu spüren. In den bisherigen Übungen solltest du dich zunächst darauf konzentrieren, wo sich dein Körper gut anfühlt, wo nicht so gut, wo es Verspannungen oder angenehme Zonen gibt. Aber gutes und schlechtes Befinden ist nicht alles, was unser Körper an Informationen für uns bereithält. Unser Körper ist auch ein Gedächtnis. Das Körpergedächtnis funktioniert sogar zuverlässiger als das kognitive Gedächtnis. Bekannt ist die Formulierung: „Das ist wie Fahrradfahren." Bewegungsabläufe, die wir eine kurze Zeit lang intensiv trainiert haben, sind in unserem Körpergedächtnis gespeichert und viel zuverlässiger abrufbar als kognitive Gedächtnisinhalte, wie etwa Vokabeln einer Fremdsprache, die wir einmal gelernt haben. Hinzu kommt, dass sich eine körperliche Erinnerung umso stärker manifestiert, wenn sie sich mit einem starken Gefühl verbindet. Umgekehrt sind also in unseren Körperhaltungen sowohl positive als auch negative Gefühle gespeichert, die wir auch entsprechend abrufen können.

Erinnere dich mit dem Körper.

Nimm dir etwas Zeit und schreibe Antworten zu den folgenden drei Fragen auf:

- Was kannst du besonders gut?
- Welches Talent, welche Fähigkeit macht dich aus?
- Was findest du an dir schön?

Danach stelle dich entspannt auf beide Beine hin. Nimm zu jeder Antwort eine dir passend erscheinende Körperhaltung ein und genieße diese Haltung für einen kurzen Moment. Was fühlst du körperlich? Welche Gedanken und Emotionen kommen dir in den Sinn? Schreibe auf, was dir dazu einfällt.

Wird bei deinen Gedanken oder Erinnerungen etwas Konkretes hervorgerufen, etwa ein Bild, ein bestimmtes Symbol oder vielleicht ein Lied, das dir einfällt? Du könntest dir dieses Bild oder Lied besorgen und in deinen Alltag integrieren. Etwa als Bild auf dem Schreibtisch oder als Lied, das du einmal am Tag hörst. So rufst du regelmäßig ein positives Gefühl wach, das dein Körper für dich gespeichert hat.

Höre auf die Musik

Ein Lächeln auf den Lippen

Wir Menschen wollen glücklich sein. Unsere Idealvorstellung: mit einem Lächeln auf den Lippen und voller Leichtigkeit durch im Sonnenschein über die Wiese tanzen. Das Erstaunliche aber ist, dass Glück und innere Zufriedenheit nur sehr bedingt davon abhängen, ob die Sonne scheint und das Gras grün ist. Menschen, die in guten Umständen leben, sind nicht zwangsläufig zufrieden. Glücklich und zufrieden sind die Menschen, die dankbar und wertschätzend durchs Leben gehen. Wir können die äußeren Umstände meist nicht ändern. Wohl aber können wir ändern, wie wir diese Umstände wahrnehmen – denn auch durch den Regen lässt es sich wunderbar tanzen.

Wer innerlich zufrieden ist, verfügt über eine positive Grundstimmung. Diese positive Grundstimmung stellt sich ein, wenn unsere Ansprüche und Erwartungen erfüllt sind. Das heißt, wir selbst schaffen uns diese innere Zufriedenheit. Nicht das Außen, unsere Umwelt ist dafür verantwortlich, sondern ganz allein wir selbst. Über unsere Zufriedenheit entscheidet in hohem Maße unser Denken. Wir setzen die Messlatte, wann wir zufrieden sein können oder wollen. Wir entscheiden, was wir für unser Zufriedensein benötigen.

Das kann sich immer wieder ändern: Unsere Ansprüche verändern sich im Laufe des Lebens, denn die Evolution verlangt, dass wir uns weiterentwickeln und Neues lernen. Dauerhafte Zufriedenheit oder Glücklichsein tötet den Hunger auf Neues und beschert uns keine neuen Lernerfahrungen - wir bleiben stehen. Wie eine Pflanze in dem Moment zu sterben beginnt, wo sie aufhört zu wachsen, hören wir auf zu leben, wenn wir aufhören, zu wachsen und Neues zu lernen. Dann macht sich Langeweile breit und tötet alle Energie in uns.

Um zufrieden sein zu können, brauchen wir also auch das Gegenstück, die Unzufriedenheit. Unzufriedenheit ist ein Motor, der uns antreibt, weiterzugehen und neue Erfahrungen zu machen. Gelegentliche Unzufriedenheit hat etwas Positives. Sie kann ein Motor sein und uns dazu antreiben, unser Leben, unser Tun und Sein zu hinterfragen. Wenn wir nie mit dem zufrieden sind, was wir haben, wenn wir nicht schätzen, was wir besitzen, wenn wir immer mehr haben wollen, dann sind wir trotz noch so großer materieller Reichtümer unzufrieden. D.h. wollen wir zufriedener sein, dann müssen wir für das, was wir besitzen, dankbar sein - für unsere Gesundheit, für Menschen, die uns mögen, usw. Dankbarkeit schafft Lebenszufriedenheit. Wer dankbar ist, fühlt sich reich. Dankbarkeit verbessert unsere Stimmung. Natürlich können wir uns auch darum bemühen, unsere Träume und Ziele zu verwirklichen und so zufriedener zu werden. Das ist jedoch nicht immer möglich.

Wir können dadurch zufriedener werden, dass wir unsere Ansprüche senken und uns mit weniger zufrieden geben. Wir verzichten auf das eine oder andere und entscheiden, dass wir das nicht unbedingt für unser Lebensglück benötigen. Stattdessen können wir uns in Dankbarkeit üben, den Blick auf das Positive in unserem Leben richten. Mithilfe von Dankbarkeit können wir erkennen, wie reich unser Leben ist. Dankbarkeit ist eng mit Achtsamkeit verbunden: Wer bewusst, offen, neugierig und akzeptierend wahrnimmt, was im Hier und Jetzt geschieht, kann das besser wertschätzen. Und wenn wir wertschätzen, was wir wahrnehmen, können wir fast gar nicht anders als dankbar sein.

Wofür bist du dankbar?

Umfragen zeigen, dass wir vor allem für intakte zwischenmenschliche Beziehungen dankbar sind: für die Partnerin oder den Partner, die Kinder, Eltern, Freundschaften – klar, der Mensch ist ein Herdentier. Aber auch für Dinge, die wir selbst nicht unmittelbar kontrollieren können, die uns geschenkt werden, wie unsere Gesundheit oder Frieden, sind wir dankbar.

Dankbarkeit liegt im Trend. Nicht zuletzt, weil wir in Zeiten leben, in denen viele Menschen immer häufiger von äußeren Krisen oder Katastrophen erschüttert werden, wie den verheerenden Auswirkungen der klimatischen Veränderung oder der grassierenden Corona-Pandemie. Fühlen wir unsere Existenz bedroht oder haben wir eine Gefahr vor Augen, sind wir dankbarer für die positiven Dinge im Leben. Wir sind uns bewusst, dass sich Freude, Glück oder Erfolg eben auch schnell verändern oder verschwinden können. Der Gewöhnungseffekt an die Zeit des Wohlstands, in der Psychologie auch „hedonistische Anpassung“ genannt, wird dann durch die Krise unterbrochen und wir schätzen das Gute, das wir besitzen, wieder mehr wert.

Aber nicht immer wurde Dankbarkeit als ein so positives inneres Gefühl verstanden. Früher übten Gesellschaft, Religion und Erziehung oft Druck aus, und Dankbarkeit wurde oft mit Pflicht verbunden – man war anderen „zu Dank verpflichtet“. Kam man dieser Pflicht nicht nach, wurde man bestraft. Dankbarkeit war deshalb viele Jahrhunderte lang mit negativen Gefühlen wie Wut, Scham und Schuld verbunden. Das hat sich glücklicherweise geändert. Heute sehen wir Dankbarkeit als eine freiwillige Geste, als etwas, das von Herzen kommen muss – bei uns und beim anderen. Haben wir den Verdacht, unser Gegenüber ist nur aus Kalkül oder Pflichtbewusstsein dankbar, hinterlässt das zumindest einen faden Beigeschmack.

Was bedeutet Dankbarkeit?

Es gibt keine eindeutige Definition von Dankbarkeit. Sie kann vieles bedeuten: eine Form der Höflichkeit, ein Glücksgefühl, das sich einstellt, wenn wir eine Wohltat erhalten, eine Haltung gegenüber der Welt und des eigenen Seins, eine Tugend oder ein Persönlichkeitsmerkmal. Allerdings ist Dankbarkeit in allen Kulturen und Religionen verankert und lässt sich auch in den frühesten Aufzeichnungen der Menschheit wiederfinden. Dankbarkeit begleitet uns Menschen also seit Urzeiten.

Dankbarkeit ist Wein für die Seele,
komm, betrinke dich!

Rumi

Grundsätzlich setzt sich die Dankbarkeit aus drei Teilen zusammen:

- einer Gabe oder einem Geschenk, das materiell, aber auch immateriell sein kann, wie ein Lächeln,
- dem Geben, das uns etwas Positives übermittelt (oder andersherum, wenn wir selbst die oder der Gebende sind) und
- dem Empfangen, dem Wahrnehmen der Gabe. Es löst Freude und Gefallen aus.

Das Konzept der Positiven Psychologie

Lange war die Dankbarkeit auch in der Psychologie kein großes Thema, weil diese ihr Augenmerk als Erstes auf psychische Störungen und negative Emotionen legte und die positiven Aspekte zwischenmenschlicher Beziehungen oft nur am Rande beleuchtete. An Bedeutung hat das Thema Dankbarkeit erst um die Jahrtausendwende gewonnen, als das Konzept der Positiven Psychologie auf der ganzen Welt mehr Beachtung fand, das bereits in den 1990er Jahren vom US-amerikanischen Psychologen Martin Seligman entwickelt wurde.

Die Positive Psychologie fokussiert sich auf die Stärkung der positiven Seiten des Menschen. Positive Wahrnehmung und positives Denken stehen im Mittelpunkt. Glück, Optimismus, Vertrauen, Verzeihen und individuelle Stärken sind weitere tragende Säulen. Dankbarkeit spielt darin eine entscheidende Rolle für Charakterstärke, psychische Gesundheit und Wohlergehen des Menschen.

Die Positive Psychologie sieht Dankbarkeit als Gefühl und Persönlichkeitsmerkmal. Wenn wir eine Gabe oder Wohltat erhalten, laufen verschiedene Prozesse in unserem Inneren ab. Wir reflektieren zunächst, ob die Gabe gut für uns ist, dann, welche Intention die oder der Gebende hatte und schließlich, wie unsere emotionale Bindung zur gebenden Person ist. So können zum Beispiel Hierarchien bestehen oder eine Verpflichtung zur Gegengabe. Diese Faktoren lösen in uns Gefühle aus, meist positive, wie Freude, Glück, Ehrfurcht oder Ergriffenheit, manchmal aber auch negative, wie Scham und Schuldgefühle, wenn wir das Geschenk als zu groß empfinden.

Dankbarkeit als Persönlichkeitsmerkmal geht davon aus, dass wir das Leben grundsätzlich als positiv wahrnehmen und wertschätzen – und dankbar dafür sind. Wir sagen ganz klar „Ja“ zum Leben und seinen Geschenken an uns. Wichtig dabei ist, uns bewusst zu sein, dass wir nicht selbst die positiven Wohltaten verursacht haben, sie werden von außen an uns herangetragen. Wahrnehmung und Wertschätzung des Positiven sowie die Anerkennung, dass wir Empfangende von Gaben sind, die wir uns nicht selbst schenken können, bilden die Grundeinstellung der Dankbarkeit.

Positive Effekte und Auswirkungen eines dankbaren Lebens:

Wissenschaftliche Studien zeigen deutlich, dass dankbare Menschen zufriedener, glücklicher, optimistischer und auch hilfsbereiter gegenüber anderen sind. Ein stabiles Selbstwertgefühl, eine demütige Haltung gegenüber dem Leben und sichere und verlässliche Beziehungen sind wichtige Voraussetzungen, um Dankbarkeit zu empfinden. Wenn wir dankbar sind, steigen unsere Dopamin-

und Serotoninspiegel. Wir schlafen besser, können den Hang zum Grübeln und zu depressiven Verstimmungen senken, stärken unser Selbstvertrauen. Und die Qualität unserer zwischenmenschlichen Beziehungen nimmt zu. Positive Gefühle machen unser Denken offener, wir können positivere Haltungen gegenüber anderen einnehmen, wenn wir uns bewusst sind, dass das Gegenüber zu unserem Wohlbefinden beiträgt, was wiederum bestehende soziale Beziehungen stärkt und neue ermöglicht. Dennoch, ein Wundermittel für ein automatisch erfülltes und glückliches Leben ist Dankbarkeit allein nicht.

Grenzen der Dankbarkeit

Dankbarkeit ist nicht in allen Situationen und Lebensphasen angebracht. Dankbarkeit heißt nicht, alles im Leben positiv zu sehen, sondern eben nur die Dinge, die auch tatsächlich positiv sind. Negative Emotionen wie Ärger, Wut oder Trauer haben ihre Berechtigung und Funktion und müssen auch wahrgenommen und erlebt werden dürfen. Nur so ist eine nachhaltige Bewältigung von Problemen möglich. Viele Menschen neigen aber zu einer eher pessimistischen Lebenseinstellung, und da hilft eine dankbare Haltung, um mehr Optimismus und Erfüllung zu erlangen.

Auch wenn wir Dankbarkeit als Pflichterfüllung erfahren, stößt die positive Seite der Dankbarkeit an ihre Grenzen. Bestimmt wurdest du als Kind auch oft darauf hingewiesen oder ermahnt, danke zu sagen, wenn jemand dir etwas geschenkt oder dir geholfen hat. Und manchmal hast du dich zwar bedankt, aber eben aus reinem Pflichtgefühl, nicht aus echter Dankbarkeit, wenn das Geschenk dann doch nicht so ganz deinen Wünschen entsprach. Dankbarkeitsdruck, also die Erwartungshaltung des Gebenden, des Umfelds oder der Gesellschaft, Dankbarkeit zu zeigen, führt beim Empfangenden dann zu negativen Gefühlen wie Trotz, Wut, Abhängigkeit, Scham oder Schuld, und hat nichts mit echter, freiwilliger Dankbarkeit zu tun.

Kannst du Dankbarkeit trainieren?

Ganz klar: ja. Wie in jedem Gefühl kannst du dich auch in Dankbarkeit üben und die Voraussetzungen zu einem erfüllteren und zufriedeneren Leben schaffen. Ziel aller Übungen ist es, jenen Blick auf die Welt zu verändern, der das Negative mehr wahrnimmt als die positiven Dinge, die dich umgeben. Dazu sind allerdings Geduld und ein kontinuierliches Training nötig, denn von heute auf morgen sind Veränderungen nicht zu schaffen. Doch Studien haben gezeigt, dass schon nach einem fünfwöchigen Dankbarkeitstraining negative Gedanken abgeschwächt werden und eine nachhaltige Zuwendung zum Positiven erreicht werden kann.

Übung: Denke vom Kleinen ins Große.

Stell dir nicht gleich zu Beginn die große Frage: „Wofür bin ich in meinem Leben dankbar?“ Fang mit Kleinigkeiten und einzelnen Lebensbereichen an. Was läuft im Job gut? Für welche Kleinigkeit in meinem Tagesablauf bin ich heute dankbar? Hat dir heute jemand deinen Kaffee zubereitet? Hast du das warme Wasser beim Duschen genossen? Achte mehr auf die kleinen, beglückenden Dinge.

Übung: Schreibe einen Dankesbrief.

Auch ein Brief, in dem du deine Dankbarkeit ausdrückst, kann dich sensibler für die Dankbarkeit im Allgemeinen machen. Dabei ist es egal, ob du den Brief an eine reale Person, die dir Gutes getan hat, abschickst, oder ob du ihn nur für dich selbst schreibst. Die positive Wirkung bleibt auch dann bestehen, denn mithilfe des Briefes hast du dir selbst die positiven Dinge ins Bewusstsein gerufen.

Übung: Fotografiere Momente der Dankbarkeit.

Du kannst auch mit dem Smartphone alle schönen und guten Momente fotografieren, für die du dankbar bist. Im Laufe der Zeit entsteht dann deine ganz persönliche Dankbarkeitsgalerie, die du dir in schwierigen Zeiten ansehen kannst, und die dir dann Kraft schenken wird. All diese Übungen helfen dir dabei, den Blick auf die positiven Dinge im Leben zu richten. Achte im Alltag immer wieder auf die kleinen Freuden, nimm den Moment mit allen Sinnen wahr, konzentriere dich auf dein gegenwärtiges Tun – eine achtsame Grundhaltung kann dir dabei helfen, auch Kleinigkeiten bewusster wahrzunehmen.

Wie Achtsamkeit dein Leben bereichern kann

Wer achtsam ist, nimmt bewusst den Moment wahr – körperlich wie mental. Er oder sie beschäftigt sich weder mit der Zukunft (und damit verbundenen Sorgen oder Ängsten) noch mit der Vergangenheit (und mit ihren Erlebnissen und Erinnerungen), sondern richtet die Aufmerksamkeit und den Fokus auf das Hier und Jetzt, ohne etwas zu bewerten, zu analysieren oder verstehen zu wollen. Das buddhistische Konzept der Achtsamkeit beschreibt eine aufmerksame und wertschätzende innere Haltung allem Lebendigem gegenüber, die nicht nur allen Meditationen zugrunde liegt, sondern für immer mehr Menschen auch eine Lebenseinstellung darstellt.

Eine achtsame Grundhaltung im Leben sorgt nicht nur dafür, dass wir uns weniger über „Kleinigkeiten" aufregen, sie erlaubt uns auch, bei uns zu bleiben und unsere Gefühle und Gedanken wahrzunehmen, ohne sie überzubewerten oder uns mit ihnen zu identifizieren. Stattdessen ermöglicht Achtsamkeit, Abstand von den erlernten Denk- und Gefühlsmustern zu gewinnen und eine rein beobachtende Haltung einzunehmen. Aus klinischen Studien, in denen die Wirkung eines achtsamen Lebens auf die körperliche und geistige Gesundheit untersucht wurde, ist bekannt, dass mithilfe der achtsamen Haltung das Wohlbefinden signifikant gesteigert werden kann. Auch kurze und einfache Achtsamkeitsübungen sorgen, regelmäßig durchgeführt, für mehr Gelassenheit und Ruhe. Das Gehirn, die Gedanken und die Gefühle haben für einen kleinen Moment Pause.

Übung: Achtsamkeit im Alltag

Achtsamkeit kannst du jederzeit im Alltag üben. Versuche, dich bei dem, was du gerade tust, voll und ganz darauf zu konzentrieren:

- Wenn du gerade isst, dann nimm bewusst wahr, wie deine Speise schmeckt, wie sich der Mund, die Zunge, die Zähne anfühlen.
- Wenn du gerade sitzt, dann nimm wahr, wie es dir jetzt gerade geht. Welche Muskeln sind gerade angespannt, wie fühlen sich die einzelnen Körperteile an?
- Wenn Gedanken kommen, dann lass sie ziehen. Versuche, nicht an Gedanken zu hängen. Stell dir vor, dass sie an dir vorbeiziehen, wie Wolken im Himmel.

Du kannst auch achtsam atmen. Wenn du bewusst auf deinen Atem achtest, kannst du dir selbst sagen: „Beim Einatmen bin ich mir bewusst, dass sich meine Bauchdecke hebt. Beim Ausatmen bin ich mir bewusst, dass sich meine Bauchdecke senkt.“ Konzentriere dich eine Weile nur auf deinen Atem. Wenn dir etwas schwindelig wird, dann atme in drei Zügen ein und in vier Zügen wieder aus. Versuche, langsam und entspannt zu atmen. So kommst du zur Ruhe, und durch die Entspannung deines Atems kann sich auch dein Körper entspannen. Du wirst Stress los und kannst regenerieren.

Dein Bild vom Leben entscheidet, wie du das Leben empfindest

Innere Zufriedenheit und Stabilität sind immer eine Einstellungssache. Dein Bild vom Leben entscheidet darüber, was für ein Leben du führst. Durch die Wahl deiner inneren Bilder entscheidest du über die Stärke deiner Gefühle – achte also gut darauf, welche Bilder du dir vom Leben machst. Wenn wir etwas sehen, dann hat das eine sehr viel stärkere Wirkung auf unsere Gefühle und unser Verhalten, als wenn wir etwas nur hören. Hören wir im Radio von einem Unfall mit vielen Verletzten und Toten, dann nehmen wir das zur Kenntnis, aber es berührt uns nicht weiter. Sehen wir jedoch die Verletzten und Toten, das Blut und die zerbeulten Autos, dann sind wir emotional berührt und stehen unter Schock.

Bilder haben eine viel stärkere Wirkung auf uns als Worte. Das trifft auch auf die Bilder zu, die wir uns selbst von unserem Leben, von anderen Menschen oder vom Job machen. Welches Bild hast du vom Leben? Wie empfindest du dein Leben? Ist das Leben für dich ein Kampf, ein Test, ein Geschenk, eine Party, ein Tanz, ein Spiel, eine Prüfung, die Hölle, ein Jammertal, ein Wunder, eine Achterbahn, ein Karussel oder eine Last? Macht es einen Unterschied, ob wir das Leben als Kampf oder als Wunder ansehen? Natürlich.

Wie verhält sich jemand, der das Leben als Kampf ansieht? Diese Person ist ständig auf der Hut vor möglichen Feinden und Angreifern. Sie wittert hinter jeder Biegung einen Hinterhalt und muss ihr Leben und ihre Rechte ständig verteidigen. Und wie fühlt sich diese Person dabei? Sie ist ständig angespannt und unruhig, lebt in der Angst, jemand könnte sie (verbal) verletzen oder gar töten. Die Folge: Sie fühlt sich schließlich ständig angegriffen und verletzt.

Und wie fühlt und verhält sich jemand, der das Leben als Wunder ansieht? Dieser Mensch steht staunend und andächtig davor. Er begreift das Leben als etwas Kostbares und Einmaliges. Und wie gehen die meisten Menschen mit etwas Kostbarem und Einmaligem um? Sorgsam behandeln und darauf achten, dass niemandem Leid zufügt wird. So wird das Leben in Ehren gehalten.

Wir Menschen fühlen und verhalten uns „in Bildern". Bilder, mit denen wir das, was wir tun, und unsere Stimmung, beschreiben. Wenn wir sehr starke negative Gefühle spüren, dann verwenden wir immer auch sehr starke negative Bilder, um unsere Situation zu beschreiben. Wenn wir sehr starke positive Gefühle spüren, dann verwenden wir auch sehr positive Bilder.

Fühlst du dich manchmal hilflos und verzweifelt? Dann vielleicht deshalb, weil du Bilder und Metaphern der folgendem Art verwendest:

Ich bin mit meinem Latein am Ende.

Ich fühle mich wie in einem tiefen Loch.

Vor mir tut sich ein Abgrund auf.

Meine Arbeit ist die Hölle.

Ich stehe vor einem Scherbenhaufen.

Mir zerreißt es mein Herz.

Ich bin auf dem Abstellgleis.

Ich sitze zwischen zwei Stühlen.

Ich tappe völlig im Dunkeln.

Mein Job ist eine Tretmühle.

Das Leben ist ein Kampf.

Mein Kind ist eine Nervensäge.

Ich bin eine graue Maus.

Dieses Chaos macht mich krank.

Übung: Die Bilder vom Leben

Ergänze die folgenden Sätze. Werde dir darüber klar, welche Bilder du hast.

- Ich bin eine/ein ... (Versager, Trottel)
- Meine Arbeit ist eine/ein ... (Tretmühle, Sprungbrett, Herausforderung)
- Meine Partnerin oder mein Partner ist ... (meine Alte/mein Alter, meine Mitstreiterin, mein Mitstreiter, meine Liebste, mein Liebster, ein Geschenk des Himmels, die große Liebe, mein Goldfasan, meine bessere Hälfte)

- Das Leben ist eine/ein ... (Kampf, Fest, Spiel, Drahtseilakt, Achterbahnfahrt)
- Kinder sind eine/ein ... (Quälgeister, Ungeheuer, Blutegel, Monster, Erben dieser Welt, Geschenke)
- Mein Körper ist eine/ein ... (Tempel, Wunder, Maschine, Last)
- Die Menschen sind eine/ein ... (eine große Familie, ein Haufen Verrückter)

Überlege dir, ob deine Beschreibungen in dir die Gefühle hervorrufen, die du gerne empfinden willst, und ob sie dein Verhalten positiv oder negativ beeinflussen. Lautet deine Antwort Nein, dann suche eine andere Beschreibung dafür, die dir gute Gefühle macht, und die du fortan verwenden möchtest. Denn es ist entscheidend, welche Bilder du im Kopf hast, ob sie dir helfen und dich stärken oder dir schaden und dich schwächen! Warum entscheidest du dich nicht dafür, solche Bilder und Metaphern zu verwenden, die dir helfen und dich stärken? Mache dir bewusst, dass du der Chef bist. Wer bestimmt, was du denkst? Du. Und wie du denkst, bestimmt, wie du fühlst. Das bedeutet, wie du gefühlsmäßig auf etwas reagierst. Mit anderen Worten: Du hast die Wahl, wie du dich fühlen möchtest, denn du kontrollierst deine Gedanken.

Bleib zufrieden und positiv

Und genau diese Kontrolle, die du über deine eigenen Gedanken hast, kannst du dir ganz bewusst zu Nutze machen, um innerlich in Balance zu gelangen. Denn nur mithilfe deiner Gedanken kannst du in wenigen Momenten fröhlich und gut gelaunt sein, Ärger von jetzt auf nachher in Gelassenheit und gute Laune verwandeln, Angst von jetzt auf nachher in Zuversicht und Sicherheit verwandeln. Es gibt Methoden, wie du eine negative Stimmung blitzschnell in eine positive verwandeln kann, so wie du das Licht einfach an- und ausschaltest, indem du einen Schalter umlegst! Hier folgen ein paar Strategien für gute Laune. Sie zeigen, wie einfach und schnell du damit positive Gefühle erzeugen kannst. Lass dich drauf ein und hab Spaß beim Experimentieren mit diesen Strategien.

Stelle dir Gute-Laune-Fragen

Wenn wir eine schlechte Laune vertreiben und uns emotional besser fühlen wollen, dann müssen wir zu allererst unsere negativen Selbstgespräche, die für unsere schlechte Stimmung verantwortlich sind, durch hilfreiche Selbstgespräche ersetzen. Eine einfache Möglichkeit, unsere negativen Selbstgespräche und Gefühle sofort zu stoppen, sind die folgenden Fragen, die uns auf andere Gedanken bringen und unseren Blick auf Positives lenken.

Stellen wir uns die Gute-Laune-Fragen regelmäßig, können wir auch aktiv dazu beitragen, dass sich unser Befinden grundsätzlich verbessert. Im Grunde genommen ist das vergleichbar mit der regelmäßigen Pflege eines Englischen Rasen: Auch unsere positiven Gefühle brauchen eine Extraportion Pflege. Stelle dir folgende Fragen:

Worüber bin ich im Moment glücklich? Worüber könnte ich glücklich sein, wenn ich es wollte?

Worauf bin ich besonders stolz. Worauf könnte ich stolz sein?

Wofür bin ich dankbar? Wofür könnte ich dankbar sein?

Wen liebe ich, und wer liebt mich?

Was begeistert mich? Wofür könnte ich mich begeistern?

Mit welchen Menschen bin ich gerne zusammen?

An welchen Orten fühle ich mich besonders wohl?

Was mache ich besonders gerne?

Wann in meinem Leben war ich einmal besonders mutig?

Hast du Antworten auf diese Fragen gefunden? Hast du gespürt, wie sich deine Stimmung durch deine Antworten sofort verändert hat? Zufriedenheit und gute Laune lassen sich ebenso trainieren wie unsere Muskeln. Wie das funktioniert? Ganz einfach: Deine Gedanken entscheiden über deine Gefühle. Die Fragen bringen dich auf positive Gedanken und deine Stimmung wird besser, jedes Mal, wenn du sie beantwortest. Stell dir die Gute-Laune-Fragen regelmäßig, und du gibst der schlechten Laune kaum Chancen. Wörter sind mehr als eine Aneinanderreihung von Buchstaben. Bestimmte Wörter können in uns Gefühle der Begeisterung, der Leidenschaft, der Hoffnung, der Liebe, des Vertrauens, der Zuversicht aber auch Gefühle der Hoffnungslosigkeit, der Angst, der Traurigkeit, Wut, Eifersucht und der Einsamkeit auslösen. Einige Wörter können uns Kraft geben oder uns lähmen. Andere Wörter können uns in Aufruhr versetzen und beunruhigen. Wörter können uns aber auch mutlos machen oder uns trösten. Woher kommt diese Macht der Wörter? Sie haben für uns eine Bedeutung und lösen in uns bestimmte Bilder, Vorstellungen und Erinnerungen aus. Wir verknüpfen mit bestimmten Wörtern bestimmte Gefühle. Jeder Mensch verknüpft jedoch mit den einzelnen Wörtern unterschiedliche Bedeutungen.

Übung: Die Macht der Worte

Schau dir die folgenden Wörter an. Welche Bilder und Erinnerungen kommen beim Lesen? Welche Gedanken? Und wie fühlst du dich?

- Verlust,
- Angst,
- Fehler,
- Problem,
- Sorgen,
- Krankheit,
- Schuld,

- unheilbar,
- hässlich,
- Schmerzen,
- Arbeit.

Nimm nun eine andere Sitzposition ein, atme einmal tief durch und schau dir folgende Liste an. Welche Bilder und Erinnerungen tauchen jetzt in dir auf. Welche Gedanken? Wie fühlst du dich?

- Vergnügen,
- Freude,
- Reichtum,
- Erfolg,
- Liebe,
- Schönheit,
- genießen,
- Freundschaft,
- Freizeit,
- Urlaub,
- Spaß,
- Sonnenschein.

Je nach den Erfahrungen, die wir mit einer Sache gemacht haben, für die das Wort steht, haben wir angenehme oder unangenehme Empfindungen. Diese Macht der Worte können wir benutzen, um unsere Gefühle zu verstärken oder abzuschwächen. Die Wortwahl ist eine sensationell einfache Methode, um unsere Gefühle zu beeinflussen. Macht es einen Unterschied im Empfinden, ob ich sage „Ich habe furchtbares Lampenfieber!" oder „Ich bin energiegeladen."? Natürlich. Macht es einen Unterschied im Empfinden, ob ich sage „Ich bin am Ende meiner Kräfte." oder „Ich brauche etwas Ruhe, ich muss meine Batterie neu aufladen."? Natürlich. Macht es einen Unterschied im Empfinden, ob ich sage „Ich bin stinksauer!" oder „Ich bin etwas irritiert, ich bin etwas gereizt."? Natürlich. Macht es einen Unterschied, ob ich sage „Ich bin total gestresst!" oder „Ich bin sehr beschäftigt."? Natürlich. Macht es einen Unterschied im Empfinden, ob ich sage „Ich fühle mich hilflos!" oder „Ich suche Halt."? Natürlich. Macht es einen Unterschied für dein Empfinden, ob ich sage „Ich bin dumm!" oder „Ich bin im Lernen begriffen."? Natürlich.

Impuls: Wörter als Stimmungsmotor

Wir können Wörter nicht nur dafür einsetzen, unsere negativen Gefühle abzuschwächen, wir können sie auch nutzen, um unsere positiven Gefühle zu verstärken. Mach dir bewusst, welche Wörter du in deiner Sprache verwendest, wenn du dich deprimiert, frustriert, verärgert, hilflos, ängstlich, überfordert oder gestresst fühlst. Dann suche nach alternativen Wörtern, die einen ähnlichen Inhalt haben, aber deine Stimmung heben und positiv beeinflussen. Verwende fortan diese neuen Wörter, um deine Gefühle, Empfindungen und Erfahrungen zu beschreiben.

Macht es einen Unterschied, ob ich sage „Das ist interessant." oder „Das ist spannend, aufregend!"? Macht es einen Unterschied, ob ich sage „Das ist schön." oder

„Das ist großartig, umwerfend!"? Probiere es aus und finde heraus, welche Wirkung solche Wörter auf dein Befinden haben. Wenn wir starke, kraftvolle Wörter gebrauchen, spüren wir starke Emotionen, im Positiven wie im Negativen!

Nutze Gute-Laune-Aktivitäten

Fallen dir spontan Aktivitäten ein, durch die du dich in eine gute Stimmung versetzen kannst? Nein? Dann ist nun die Zeit dafür gekommen, dir diese bewusst zu machen. Du kennst das vermutlich: Du bist gerade etwas niedergeschlagen, schlecht gelaunt oder hast dich geärgert und dann hörst du im Radio eines deiner Lieblingslieder, und schlagartig geht es dir besser. Du fängst an, im Rhythmus mitzuschwingen oder pfeifst die Melodie. Von einer Sekunde zur nächsten hat sich deine Stimmung um 180 Grad gedreht.

Warum darauf warten, bis im Radio deine Gute-Laune-Musik kommt? Warum sich nicht eine Playlist zusammenstellen, auf der sich alle Titel befinden, die dich jederzeit in eine gute Stimmung versetzen können? Lege dir ein Gute-Laune-Playlist an, auf die du jederzeit Zugriff hast. Alternativ kannst du dir auch eine Liste mit lustigen, humorvollen Videos anlegen, die du dir immer wieder ansehen und herzlich darüber lachen kannst – schon hast du eine gute Unterhaltung. Vor allem dann, wenn du sie am dringendsten brauchst – wenn es dir nicht besonders gut geht und du dich nach einer kleinen Aufmunterung sehnst.

Ja, und dann gibt es natürlich auch Bücher, Social-Media- und Internetseiten mit lustigen Geschichten und Clips, die deine Stimmung heben können. Doch damit nicht genug. Erstelle dir eine Liste von konkreten Aktivitäten, die dich bei Bedarf auf andere Gedanken bringen: tanzen, singen, joggen, Sport treiben, Wohnung oder Büro aufräumen, etwas Schickes anziehen oder shoppen, Freunde und Bekannte anrufen und treffen, ein wohltuendes Entspannungsbad einlassen etc.? All diese kleinen Tricks können dir im Alltag dabei helfen, deine innere Stabilität zu wahren.

Im Takt bleiben

Stabilität durch Gewohnheiten

Ein Beitrag von Dr. Ingeborg Warnke

Hast du dich schon mal gefragt, was du den ganzen Tag machst? Stell dir vor, du beobachtest dich über einen Tag hinweg im Zeitraffer – du wärst erstaunt, was du sehen würdest: Wie viele Handgriffe du machst, wie viele Handlungen du ausführst, wie du manchmal gedankenversunken bist. Ein Großteil unseres Lebens besteht nämlich aus den immergleichen Wiederholungen – aus unseren Gewohnheiten.

Das ist nichts Negatives – ganz im Gegenteil. Gewohnheiten geben unserem Leben Struktur und helfen uns dabei, uns im Alltag aufs Wesentliche zu konzentrieren. Denn unser Kopf ist ständig damit beschäftigt, Ereignisse des Alltags zu verarbeiten – wir müssen auf Veränderungen im Alltag reagieren, abwägen, ob etwas eher Chance oder Risiko ist, oder die nächsten Handlungen planen.

Gewohnheiten sind wie Fixpunkte im Alltag. Sie geben uns Struktur und Stabilität und helfen uns im Takt zu bleiben: Wenn du weißt, welches Lied als nächstes kommt, dann weißt du schon von vornherein, welche Tanzschritte dazu passen. Auf diese Weise schenken uns Gewohnheiten Ruhe und Geborgenheit, denn wir können uns auf sie verlassen.

Aus der Arbeit mit Traumapatienten und -patientinnen ist bekannt, dass ein klarer Tagesablauf Halt in schweren Zeiten gibt: Um acht Uhr Frühstück, um zwölf Uhr Mittagessen, um 18 Uhr Abendbrot und danach eine Stunde spazierengehen – eine feste Struktur ist vorhersehbar und gibt dadurch Stabilität. Auch Kinder haben ein starkes Bedürfnis nach immer wiederkehrenden und festen Abläufen. Sie spielen immer wieder das gleiche Spiel, singen immer wieder das gleiche Lied. Indem wir als Erwachsene Abläufe etablieren, wie das regelmäßige Aufräumen des Zimmers, abendliches Vorlesen oder Körperhygiene sowie gemeinsame Mahlzeiten, geben wir den Kindern Orientierung im Tagesablauf. Sie wissen, was als nächstes passieren wird, und können sich darauf einstellen.

Wie wichtig für uns alle unsere täglichen Gewohnheiten sind, wurde auch zu Beginn der Corona-Krise deutlich. Die Zeit des Lockdown erlebten wir alle als besonders einschneidend: Die tägliche Routine wurde urplötzlich unterbrochen, die gewohnte Tagesstruktur war dahin. Der tägliche Weg ins Büro, der Kontakt zu Kolleginnen und Kollegen, der wöchentliche Besuch des Sportkurses – das fiel plötzlich weg, stattdessen gab es endlos lange, meist eintönige Tage, ohne feste Fixpunkte, Begrenzungen oder klare Orientierung. Den meisten fiel es sehr schwer, den Alltag ohne ihre täglichen Gewohnheiten fortzuführen. Die innere Stabilität geriet ins Wanken.

Viele von uns haben dann schnell begonnen, neue Routinen für Homeoffice und #stayathome zu etablieren, um ihrem neuen Alltag wieder Struktur zu geben. Für die einen waren das tägliche Spaziergänge, bevor sie sich an den Schreibtisch setzten, andere organisierten regelmäßige Online-Treffen mit dem Freundeskreis. Die Corona-Zeit war aber auch eine Gelegenheit, sich mit der bisherigen Alltagsroutine auseinanderzusetzen. Wer normalerweise einen langen Arbeitsweg auf sich nehmen musste, hatte nun plötzlich eine Stunde oder noch mehr freie Zeit zur Verfügung, die er oder sie sonst in Auto, Bus oder Bahn verbracht hätte. Stattdessen war Zeit für neue Gewohnheiten, etwa morgendliches Joggen oder ein ausgiebiges Frühstück mit der Familie, einen entspannten Start in den Tag. Mit dem Etablieren dieser neuen Gewohnheiten fanden viele auch in Zeiten der Krise ihre innere Stabilität wieder – und wollten sich später, als das Büroleben langsam wieder startete, nur ungern von diesen schönen und gesunden neuen Gewohnheiten trennen.

Ja, wir Menschen sind Gewohnheitstiere. Gewohnheiten prägen unseren Alltag – nach dem Psychologen Bas Verplanken zu etwa 30 bis 50 Prozent. Dabei unterscheiden wir viele kleine und größere Gewohnheiten, etwa beim Essen, Schlafen, in der Arbeit oder in der Beziehung. Wenn wir viele Gewohnheiten aneinanderreihen, sprechen wir von einer Routine. Rituale können auch eine Art von Gewohnheit sein (wie das Weihnachts- oder Osterfest), sie sind aber noch stärker auf das Erleben und das Erlebnis selbst ausgerichtet.

Es sind jedoch unsere täglichen Gewohnheiten, die tagein, tagaus wiederkehrenden Momente, die uns zentrieren und erden: Die Tasse Tee abends auf dem Sofa oder der Gute-Nacht-Kuss. Sie sind wie Leitplanken in unserem stressigen und vollgepackten Alltag, sie schenken uns Struktur, Sicherheit und einen festen Bezugsrahmen. Wir können uns auf sie verlassen.

Die Macht der Gewohnheit

Wenn du dich also einen Tag im Zeitraffer beobachten könntest, würde dir gefallen, was du so tust? Oder würdest du hier und da denken: „Hm, das mache ich immer noch, es fällt mir schwer, das abzustellen." Zum Beispiel, dass du zu viel Zeit am Handy verbringst, zu wenig präsent im Augenblick bist, zu spät ins Bett gehst ...? Oder kämen dir Gedanken wie: „Das mache ich also immer noch nicht, obwohl ich es wollte?" Etwa endlich mit dem Joggen beginnen, auf das Glas Rotwein abends verzichten und dich mindestens einmal die Woche bei deiner Mutter zu melden. All das, was du sehen würdest, ließe sich zu einem großen Teil in Gewohnheiten zusammenfassen: Wie du üblicherweise in den Tag startest, ihn normalerweise verbringst, ihn meist abschließt – aber auch, wie du in bestimmten Situationen immer wieder ähnlich denkst, kommunizierst, fühlst, handelst.

Die Gewohnheit ist die Meisterin über alle Dinge.

Julius Cäsar

Zu den Verhaltensgewohnheiten gehört,

- ob du rauchst, dich überisst, Nägel kaust,
- ob du ordentlich bist,
- ob du beim Reden verlegen an den Haaren spielst, beim Sitzen die Beine übereinander schlägst,

- wie stark du das Essen salzst, ob du Zucker in den Kaffee tust, wie häufig du einen Bissen kaust, bevor du ihn schluckst.

Zu den Denkgewohnheiten gehört,

- was du als gut und schlecht bewertest,
- ob du Ablehnung als schlimm empfindest,
- ob du etwas als unordentlich ansiehst,
- ob du Pünktlichkeit für wichtig hältst,
- wie du dich selbst siehst.

Zu den Gefühlsgewohnheiten gehört,

- ob du schnell ärgerlich wirst,
- ob und wann du dich gekränkt fühlst,
- wann du Angst empfindest,
- ob du dich minderwertig fühlst, wenn du einen Fehler machst.

Wir haben bestimmte Einschätzungen uns selbst gegenüber. Unsere Glaubenssätze etwa, also Sätze, die wir uns immer wieder sagen, sind eine Denkgewohnheit. Glaubenssätze können negativ („Ich schaffe das nicht.“) oder positiv sein („Ich kann das!“). Aber jedes dieser Denkmuster hat Folgen. In der Regel behalten wir Recht, ob wir das eine oder das andere denken, weil wir uns entsprechend verhalten. Wir nennen das „selbsterfüllende Prophezeiungen“. Diese Denkmuster sind ebenfalls meist unbewusst und daher nicht immer für uns offensichtlich.

Wir haben zudem bestimmte Werte, die unser Leben prägen und letztlich auf unser Denken und unsere Erfahrungen zurückgehen. Wenn es uns wichtig ist, freundlich zu sein, werden wir das entsprechend anderen Menschen gewohnheitsmäßig entgegenbringen, lächeln, etwas Schönes sagen und womöglich das gleiche erwarten. Wenn wir das nicht erfahren, sind wir vielleicht enttäuscht – anders als jemand, dem das nicht so wichtig ist.

Alle Gewohnheiten, egal ob Verhaltens- oder Denkgewohnheiten, haben bestimmte Eigenschaften:

Gewohnheiten laufen unbewusst ab

Nicht immer wissen wir, was wir tun. Viele unserer Gewohnheiten laufen unbewusst und automatisch im sogenannten Autopiloten ab. Wir erledigen die Dinge, ohne voll präsent im Hier und Jetzt sein zu müssen: Autofahren, Fahrradfahren, Kochen ... Wir können etwas tun und gleichzeitig an etwas anderes denken, ohne dass wir dadurch erkennbar eingeschränkt wären.

Gewohnheiten sind erlernt

Einige unserer Gewohnheiten, aber nicht alle, entstehen bereits in der Kindheit. So haben uns unsere Eltern vielleicht beigebracht, vor und nach dem Essen die Hände zu waschen, zu einer bestimmten Zeit zu essen, höflich zu grüßen, wenn wir jemandem begegnen, uns hilfsbereit anderen gegenüber zu verhalten und vorsichtig zu sein, wenn wir eine Herausforderung meistern müssen. Unsere Eltern und andere wichtige Bezugspersonen dienen uns als Modell für ein bestimmtes Verhalten, eine bestimmte Einstellung oder den Umgang mit Gefühlen.

Gewohnheiten geben uns Struktur
Alltägliche Gewohnheiten sind wie kleine Wegweiser: Ah, hier geht es entlang. Damit geben sie uns Struktur und Orientierung, wir wissen, was wir wann als nächstes tun – Gewohnheiten machen den Alltag überschaubar für uns.

Gewohnheiten entlasten
Müssten wir alles mit voller Konzentration erledigen, wären wir schnell überfordert. Dadurch, dass Dinge automatisiert ablaufen, haben wir gedanklich mehr Kapazitäten und sparen körperliche Energie. Wir müssen nicht ständig darüber nachdenken, was als nächstes passieren soll. Das können wir uns im Übrigen auch im Alltäglichen zunutze machen: Wenn wir etwa festlegen, dass es ab nun immer Montag abends eine Suppe und Dienstag abends ein Nudelgericht geben soll, ist die große Frage „Was essen wir heute Abend?“ ein für allemal beantwortet, und wir können unsere Denkleistung für etwas anderes nutzen oder uns auf Wesentliches konzentrieren.

Aus Pflege glücklicher Gedanken und Gewohnheiten entsteht auch ein glückhaftes Leben.

Norman Vincent Peale

Gewohnheiten formen uns und wir sie
Welche Art von Gewohnheit wir uns aneignen, beibehalten oder neu entwickeln, sagt auch etwas über uns selbst aus. Umgekehrt prägen uns auch unsere Gewohnheiten – unsere körperliche und seelische Gesundheit, oder

wofür wir Zeit investieren. Wir gestalten Gewohnheiten, aber sie gestalten auch uns. Wir werden gewissermaßen, was wir tun. Gewohnheiten sind die „Verkörperung" unserer Identität: Welche Gewohnheiten wir uns aneignen oder nicht, hat einen entscheidenden Einfluss auf unser Leben. Die Summe aller Gewohnheiten ergibt ein Gesamtbild. Meistens beeinflussen sich Gewohnheiten auch wechselseitig: Wenn wir die Angewohnheit haben, morgens so lange wie möglich im Bett zu bleiben, beeinflusst das auch alle weiteren Gewohnheiten. Wir sind vielleicht ausgeschlafen, allerdings haben wir keine Zeit mehr, den Morgen ruhig anzugehen, und schaffen nicht, was wir gerne tun würden (zum Beispiel Morgengymnastik oder ein ruhiges Frühstück) – so formen unsere Gewohnheiten letztlich unseren Tag.

Wenn wir uns in einem Bereich gesund verhalten, kann das auch begünstigen, dass wir das in einem anderen Bereich ebenfalls tun. Wenn wir früh aufstehen, gehen wir idealerweise auch früh ins Bett. Wir haben die Zeit und Möglichkeit, Morgengymnastik zu machen und uns ein gesundes Frühstück zuzubereiten. Wir hetzen weniger in und durch den Tag, sind fokussiert und erleben weniger Stress.

Übung: Hand aufs Herz …

Welche Gewohnheiten hast du, die du gerne ändern oder neu entwickeln würdest? Um uns unserer bisherigen Gewohnheiten bewusst zu werden und darüber, ob oder was wir ändern möchten, benötigen wir in einem ersten Schritt Bewusstsein.

Nimm dir ein Notizbuch und mache dir zu folgenden Punkten Gedanken. Wende dafür ca. 15 bis 30 Minuten auf – die ersten Antworten sind meistens die besten. Passe diese Liste im Laufe der Zeit an, wenn dir noch weitere Punkte einfallen.

1. Notiere dir zu jedem der folgenden Bereiche eine Gewohnheit, die du gerne ändern oder neu entwickeln würdest:
   - Körper, Gesundheit
   - Gedanken und Gefühle
   - Finanzen
   - Umwelt (Beziehungen, Beruf etc.)
2. Erstelle im Anschluss gerne eine Prioritätenliste: Welches ist die eine Gewohnheit, die für dich und dein Leben am wichtigsten ist, und die du am dringendsten verändern oder neu entwickeln möchtest?
3. Was hat dich bisher daran gehindert?

Kleine Schritte, große Wirkung

Gute und schlechte Gewohnheiten

Frühes Aufstehen, Bewegung und gesunde Ernährung sind alles Beispiele für gute und gesunde Gewohnheiten. Sie geben uns nicht nur Halt im bewegten Alltag, sie halten uns auch gesund und haben einen positiven Effekt auf unsere seelische Gesundheit. Genauso verhält es sich mit anderen guten Gewohnheiten wie etwa Ordnung zu halten, einem Hobby nachzugehen oder regelmäßig Freunde, Freundinnen und die Familie zu treffen – das sind alles Aktivitäten, die uns entspannen und im positiven Sinne Halt im Alltag geben. Genauso gibt es aber auch schlechte Gewohnheiten, die sich über Jahre eingeschlichen haben und die wir einfach beibehalten. Sie schaden uns selbst oder unseren Mitmenschen, machen uns einsam oder hindern uns einfach daran, unser Potenzial auszuschöpfen.

Wer schon einmal versucht hat, das Rauchen aufzugeben oder das Handy abends nicht mit ins Bett zu nehmen, weiß: Gewohnheiten können sehr hartnäckig sein, vor allem die schlechten. Nicht selten nehmen wir uns eine Gewohnheitsänderung oder die Entwicklung neuer Gewohnheiten an Silvester mit Neujahrsvorsätzen vor – oft scheitern wir allerdings daran. Gerade Gewohnheiten, die wir schon jahre-, vielleicht sogar jahrzehntelang praktizieren, kleben an uns wie Kaugummi. Neue Gewohnheiten zu etablieren, die wir bisher noch gar nicht hatten, und die alte ersetzen sollen, kann eine weitere Hürde sein.

Trotzdem: Unser Leben ist dynamisch, also können wir auch im Laufe des Lebens, in neuen Situationen, andere oder neue Gewohnheiten entwickeln. Wie du dich heute kleidest, unterscheidet sich vermutlich sehr davon, wie du es in deiner Jugend getan hast. Du hast dich entwickelt, hast heute einen anderen Lebensstil und erfüllst andere Rollen. Deshalb greifst du ganz „automatisch" nach anderen Kleidungsstücken. Dieses Beispiel lässt sich auch auf andere Gewohnheiten übertragen. Wir können sie grundsätzlich wechseln wie eine neue zweite Haut oder ein Kleid.

Gewohnheiten können sich also ändern oder sogar verlieren, wenn ein bestimmter Zusammenhang nicht mehr vorhanden ist, oder wenn wir andere Ziele haben. Umbrüche im Leben machen es uns einfach, alte Gewohnheiten abzulegen und neue einzuführen: Wenn das Kind eingeschult wird, ändert sich wahrscheinlich die Morgenroutine einer Familie, durch einen Umzug wird vielleicht der Weg zum Büro länger, und dadurch brauchst du abends länger nach Hause.

Doch auch ohne großes Ereignis im Leben kannst du deine Gewohnheiten jederzeit verändern oder neue Gewohnheiten etablieren. Dazu brauchst du vor allem eines: Zeit und Durchhaltevermögen. Der Schönheitschirurg Maxwell Maltz ging in den 1960er Jahren davon aus, dass wir etwa 21 Tage benötigen, um eine neue Gewohnheit zu etablieren – solange braucht unser Gehirn, um sich umzuprogrammieren. Leichter wird es, wenn du weißt, wie Gewohnheiten funktionieren.

Gewohnheiten durchbrechen

Du stehst jeden Morgen auf, machst die Kaffeemaschine an und gehst danach ins Bad, um dich für den Tag fertig zu machen: Zähne putzen, Gesicht waschen, Haare kämmen, Kleidung anlegen. Das alles kostet überhaupt keine Mühe, weil du es seit Jahren, wahrscheinlich Jahrzehnten, jeden Morgen in derselben Reihenfolge erledigst – es sind deine Gewohnheiten.

Jede Gewohnheit besteht aus drei Schritten:

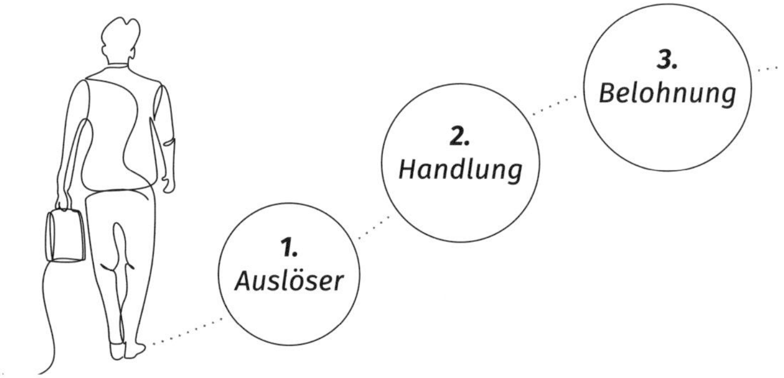

Dein morgendlicher Auslöser ist wahrscheinlich das Klingeln des Weckers – erst daraufhin stehst du auf und gehst in die Küche zur Kaffeemaschine. Du machst das, weil du eine Belohnung erwartest: leckeren Kaffee. Dieses Muster gilt für all deine Gewohnheiten, die guten wie die schlechten – und du kannst es dir zunutze machen.

Wenn du bestimmte Gewohnheiten ändern möchtest, dann mach dir zunächst bewusst, welcher Reiz die Handlung auslöst. Diese Reize können beispielsweise die Tageszeit, der Ort, eine Emotion oder ein gesellschaftlicher Kontext sein. Um deine Gewohnheit zu ändern, müsstest du den Auslöser ändern oder vermeiden. Jedoch von einem Tag auf den anderen eine berufliche Neuausrichtung beginnen, Beziehungen lösen, allen von nun an die Meinung sagen, auf eine lange Weltreise gehen, in eine andere Stadt ziehen – das alles ist anstrengend und kostet dich viel Kraft.

Vor allem aber ist es auch gar nicht nötig, stattdessen kannst du einen einfacheren Weg wählen: einen, der nicht zu steinig und steil ist oder vielleicht sogar in eine Sackgasse führt, sondern einen Weg mit einer minimalen Steigung.

Veränderungen dürfen sanft sein

Veränderungen in unserem Sinne tun gut. Wenn du dir aber vornimmst, ab jetzt jeden Morgen 30 Minuten zu meditieren, dann wirst du dieses Vorhaben wahrscheinlich nicht umsetzen können – die Veränderung zu deiner bisherigen Morgenroutine ist einfach zu groß.

Auch wenn du ab heute positiver denken willst, kann es gut sein, dass dich dieses Vorhaben allein nicht wirklich weiterbringt. Du wirst dich voraussichtlich jeden Tag dabei ertappen, wie du wieder etwas Negatives gedacht hast, vieles persönlich nimmst, oder es noch nicht mal merken. Wenn du dir allerdings nur einen positiven Satz pro Tag vornimmst, wird es dir leichter fallen, das zu einer täglichen Gewohnheit zu machen und möglicherweise sogar deine bisherigen negativen Gedanken verdrängen.

Genauso verhält es sich mit deinem Meditationsvorhaben: Wenn du das in Mini-Einheiten unterteilst, wirst du es eher realisieren: Nimm dir zunächst nur vor, täglich morgens eine kurze Weile ruhig zu sitzen – vielleicht noch auf der Bettkante, möglicherweise auch mit einem Kaffee in der Hand vor dem Fenster.

Was auch immer wir ändern wollen, selten ist es uns möglich, das auf einmal zu tun. Ob es ein neuer Gedanke ist, mit dem wir den Tag starten möchten, oder sogar eine Morgenroutine, wir werden wohl nicht drum herum kommen, mit einem ersten kleinen Schritt zu starten. Das gleiche gilt, wenn wir eine uns unliebe und doch feste Gewohnheit loswerden möchten: Es ist immer besser, einen kleinen Schritt zu tun als gar keinen – jeder noch so kleine Schritt in Richtung einer neuen, guten Gewohnheit zählt und ist bedeutend. Diese „Minigewohnheiten" bilden den Anfang jeder umfassenderen neuen Gewohnheit und jedes neuen Rituals oder sind für sich genommen eine kleine Gewohnheit. Wenn wir also große Ziele haben, sind kleine Schritte der Weg dorthin.

Minigewohnheiten lassen sich einfach, in wenigen Minuten, ja zu Beginn vielleicht sogar Sekunden, in unseren meist überfüllten und hektischen Alltag integrieren. Entscheidend ist, dass wir regelmäßig, wenn möglich sogar täglich, ein bisschen etwas davon tun. Wenn wir die Hürde möglichst niedrig halten, können wir diese kleinen Gewohnheiten auch konsequent jeden Tag umsetzen. Hilfreich ist, wenn wir uns nicht zu viel vornehmen, sondern zunächst bei nur einer Gewohnheit bleiben, um uns nicht zu überfordern, schnell in die Umsetzung zu kommen und wirklichen Erfolg zu haben. Nehmen wir uns also nicht gleich zu Beginn eine ganze Routine vor, sondern ein bestimmtes Element daraus, und das wiederum in leicht verdaulichen Häppchen. Bestimmte Gewohnheiten lassen sich beliebig herunterbrechen. Es kommt darauf an, was für uns gut umsetzbar ist. Nach und nach können wir Elemente dazunehmen, wenn wir den Eindruck haben, etwas Neues bereits etabliert zu haben.

Dieses Vorgehen der Mini-Gewohnheiten lässt sich auf viele Bereiche ausdehnen:

- Wenn du mehr schlafen willst, kann das zunächst das tägliche „etwas früher aufstehen“ sein und das abendliche „etwas früher ins Bett gehen“, um es schließlich fest zu etablieren.
- Wenn du dich mehr bewegen möchtest, können es wiederholte kürzere Aufenthalte an der frischen Luft sein, damit du schließlich einen täglichen Spaziergang zu einem festen Bestandteil unseres Tages machst.
- Wenn du dich gesünder ernähren willst, genügt zunächst z.B. täglich eine Frucht oder ein kleiner Salat.
- Wenn du gerne mehr Muße haben willst, genügen zunächst kleine Pausen.
- Wenn du gerne mehr schreiben und dir damit klarer werden willst, genügt zunächst ein Satz in deinem Tagebuch oder Journal.

Plane deine Gewohnheiten

Um neue Gewohnheiten zu entwickeln, hilft außerdem ein Plan. Wir brauchen einen Auslöser, der uns ganz offensichtlich an das erinnert, was wir neu gerne etablieren möchten. Ein Auslöser kann an Ort, Frequenz und Inhalt geknüpft werden. Wenn wir z.B. morgens in unserem Bett liegen nach dem täglichen Aufwachen, kann das ein Auslöser sein, um hier direkt mit kleinen Yogaübungen oder einer Meditation im Bett zu starten. Das Bett ist mit Entspannung assoziiert – so wie auch die anderen beiden Verhaltensweisen. Yoga und Meditation haben damit zu tun, dass wir uns selbst etwas Gutes tun. Es lohnt sich also, diese Dinge gewohnheitsmäßig in den Alltag zu integrieren.

Zum zehnten Mal wiederholt, wird es gefallen.

Horaz

Wichtig beim Etablieren neuer Gewohnheiten ist außerdem eine klar formulierte Intention, bei der wir eindeutig festlegen, was wir wann und wie ändern möchten. Statt eines wenig konkreten „Ich möchte mehr lesen." kann die Formulierung lauten „Jeden abend vor dem Zubettgehen lese ich drei Seiten in meinem Buch." – das ermöglicht wenig Spielraum oder Ausweichmöglichkeiten, sondern stellt einen sehr genauen Plan für die Umsetzung unseres Vorhabens dar. Wir können eine neue Gewohnheit außerdem für uns attraktiv machen, sodass wir sie lieber ausführen. Um eine Gewohnheit attraktiver zu machen, können wir uns bereits vor Ausübung einer neuen Tätigkeit belohnen. Wenn wir also z.B. Aufgaben erledigen, die uns nicht so leicht fallen, können wir uns ein schönes Getränk gönnen oder Blumen neben uns stellen, an denen wir uns erfreuen.

Auch eine anschließende Belohnung ist eine gute Strategie, um uns selbst eine neue Gewohnheit schmackhaft zu machen. Wir können uns ein feines Frühstück gönnen oder einen leckeren Smoothie, nachdem wir uns morgens etwas bewegt oder sogar eine kleine Morgenroutine etabliert haben. Oder wir klopfen uns selbst auf die Schulter: „Das habe ich gut gemacht.“. Wir können uns sogar selbst umarmen oder innerlich lächeln, wenn wir einen kleinen Meilenstein erledigt oder umgesetzt haben. Für die Verankerung einer Gewohnheit in unserem Leben gibt es außerdem das „Gewohnheits-Tracking“. Das Tracken, also Verfolgen unserer Gewohnheiten kann analog in einem kleinen Buch oder in einem Kalender erfolgen, außerdem gibt es zahlreiche Apps, mithilfe derer wir Listen führen oder Erfolge notieren können. Manchmal genügt schon ein kleines Häkchen für „Erledigt!“, um uns zu erfreuen.

Übung: Neue Minigewohnheiten

Wie können wir Minigewohnheiten integrieren, um neue Gewohnheiten in unser Leben zu lassen und alte Gewohnheiten nach und nach aufzugeben?

1. Welchen konkreten Mini-Schritt kannst du heute oder zeitnah umsetzen? Wie lautet deine Intention?

2. Wie erinnerst du dich am besten an deine Mini-Gewohnheit, bevor du sie ausführst? Oder welche Auslöser vermeidest du in Zukunft?

3. Wie kannst du dich für einen Mini-Schritt belohnen? Wie kannst du dich stärken, wenn du etwas nicht getan (oder gedacht) hast?

4. Wie kannst du deine Fortschritte selbst erkennen und messen? Welche Lösungsmöglichkeiten siehst du bei Hindernissen?

Gewohnheiten, die glücklich machen

Es gibt Gewohnheiten, die besondere Vorteile für dich haben. Sie verbessern deine mentale Gesundheit und reduzieren Stress, fördern deine Kreativität und Intuition. Gerade in schwierigen Zeiten, wenn die innere Stabilität verloren gegangen ist, helfen sie dir dabei, dich zu zentrieren und Kraft zu sammeln. Auch gegen das Gefühl der Machtlosigkeit, wenn du denkst, du bist den äußeren Geschehnissen ausgeliefert, helfen dir diese Gewohnheiten: Es sind Handlungen, mit deren Hilfe du deinen Alltag akti und ganz bewusst gestaltest. Meditation, Journaling und Bewegung an der frischen Luft sind Gewohnheiten, die für dich arbeiten und deine innere Stabilität unterstützen. Sie sind besonders wirkungsvoll, weil sie sich auf dein ganz persönliches Wohlbefinden auswirken – das belegen auch mehrere wissenschaftliche Studien.

Damit es dir besonders leicht fällt, diese neuen Gewohnheiten in deinen Alltag zu integrieren, haben wir sie für dich in erste Mini-Schritte zerlegt. So ist die Hürde, sie als neue Gewohnheit zu beginnen, möglichst niedrig, und du kannst diese neuen Begleiter deines Alltags behutsam und ganz in deinem eigenen Tempo kennenlernen.

Meditation

Meditation ist eine Geistesübung beziehungsweise ein mentales Training, bei dem wir über eine ruhige, achtsame und konzentrierte Haltung lernen, uns zu zentrieren, dem Moment ganz hinzugeben, und den Blick nach innen zu richten. Wir kommen vom Tun ins Sein. Meditation ist allerdings keineswegs passiv. Wir erlangen in der Stille Bewusstsein über unsere Gedanken und Gefühle.

Die Kernelemente von Meditation sind:

- Sei präsent im Hier und Jetzt.
- Beobachte (Wie geht es dir? Ist dein Atem ruhig oder geht er noch schnell?).
- Sei wertfrei (gegenüber allem, was gerade ist und was du tust, beispielsweise darüber, wie du meditierst).

Wir müssen nicht gleich ein Zen-Meister werden, sondern können uns z.B. in moderner Meditation üben. Diese Meditationsform stammt aus Nordamerika und hat sich im Westen weiter ausgebreitet. Sie ist auf unseren westlichen Alltag ausgerichtet und offen für verschiedene Traditionen.

Die Wissenschaft bestätigt die positiven Auswirkungen von Meditation auf unser Gehirn, unsere Gesundheit, unsere Aufmerksamkeitsleistung, unsere Selbstkontrolle, unsere Gedanken, unser Freudeempfinden oder unsere Achtsamkeit – und das nicht nur lang-, sondern sogar kurzfristig.

Ob du regelmäßig meditieren möchtest oder nicht, kannst du nur herausfinden, indem de es ausprobierst. Ist Meditation etwas für dich? Praktizierst du sie schon? Wenn Meditation für dich neu ist, kannst du beispielsweise eine Probelektion in einem Meditations- oder Yogastudio buchen, online oder mit einer Meditationsapp beginnen – hier gibt es auch Kurzmeditationen von wenigen Minuten an, die es dir erleichtern, geführt erste Schritte zu tun.

Oder hast du bereits Meditationserfahrung, wünschst dir aber mehr Regelmäßigkeit in der Praxis? Der Gang ins Studio ist dir zu weit? Die Zeit scheint dir zu knapp? Das Resultat ist zu weit weg?

Ob mit oder ohne Vorerfahrung: Du kannst das Meditieren zu einer Gewohnheit werden lassen, indem du regelmäßig meditierst, auch in deinem eigenen Heim. Du kannst dir die Grundlagen der Meditation nach und nach aneignen und darfst dir dafür auch Unterstützung holen, um maximal zu profitieren. Idealerweise meditierst du täglich – aber du kannst auch hier mit kleinen Schritten beginnen.

Mache dir zunächst selbst einen kleinen Plan:

- Wie möchtest du vorgehen, wann möchtest du meditieren (morgens oder abends)?
- Wie lange möchtest du meditieren, willst du dir einen Timer stellen?
- Welche Intention würde dir helfen würde, wie kannst du dich am besten an das Vorhaben erinnern (etwa das Meditationskissen gut sichtbar platzieren, Notizzettel mit Erinnerung)
- Wie sieht deine Belohnung aus (beispielsweise ein inneres oder äußeres Lächeln, Nachspüren, wie es dir geht, ein Lob und Dank an dich selbst)?

Die Mini-Schritte für eine Meditation

1. Vorbereitung der Meditation
Je nachdem, wo du meditieren willst, kann es bereits genügen, dir entsprechende Kleidung anzuziehen. Vielleicht legst du dir dein Meditationskissen zurecht – oder, wenn du keines hast, stellst du dir einen Stuhl zurecht. Im Verlauf, wenn du weiter regelmäßig meditieren möchtest, kannst du dir einen geeigneten ruhigen Meditationsort überlegen, wo du z.B. durch eine minimalistische Einrichtung wenig abgelenkt bist. Ein bequemer Platz, ein paar Kerzen und Symbole oder eine Pflanze, die stimmungsvolle Ruhe ausstrahlt, können dich unterstützen.

2. Das Sitzen praktizieren
Zu Beginn kann es erstmal nur darum gehen, regelmäßig das Sitzen zu praktizieren. Egal, ob auf einem Kissen, an die Wand gelehnt oder auf einem Stuhl – es gibt verschiedene Möglichkeiten. Wichtig ist, dass die Sitzposition komfortabel ist und deinen Rücken sowie deine Gelenke entlastet. Du sitzt aufrecht, der Brustraum ist offen, die Schultern entspannt, die Hände vielleicht auf den Knien abgelegt. Die Augen kannst du auf einen Punkt vor dir richten oder schließen. Deine Aufmerksamkeit liegt auf der geerdeten, aufrechten, stolzen, offenen und würdevollen Körperhaltung.

Nimm dir hier nicht gleich zehn Minuten am Stück vor. Für den Anfang reicht eine Minute stilles, ruhiges Sitzen. Sobald du dich dabei wohlfühlst, kannst du die Zeiteinheiten langsam steigern.

3. Fokus auf den Atem

Wenn du dich auf ein Objekt wie den Wind, den Geruch einer Duftkerze, Naturgeräusche oder den Atem konzentrierst, übst du dich in Achtsamkeit. Wenn du aufrecht sitzt, kann der Atem frei und natürlich durch deinen Körper fließen. Du atmest frische, unverbrauchte Luft ein und verbrauchte Luft wieder aus. Du kannst dich also zu Beginn darin üben, den Atem einfach für kurze Zeit fließen zu lassen, dich auf ihn konzentrieren und die beruhigende Wirkung erfahren.

Nach dem Ansatz der Bestseller-Autorin Dina Proctor kannst du mit der Zeit auch eine 3x3-Meditation praktizieren. Dabei konzentrierst du dich drei Minuten lang auf deinen Atem – und das dreimal am Tag. Der Gesamtaufwand beträgt also neun Minuten und ist ein erster Schritt in Richtung regelmäßiger Meditation.

Übung: Gönne dir Pausen.

Lege dazu deine Hände ganz entspannt und ruhig auf deinen Bauch. Lenke deine Aufmerksamkeit auf deine Nasenöffnungen und richte deinen Blick aus. Nimm einfach wahr, wie der Atem von außen nach innen fließt. Spüre, wie sich deine Bauchdecke bei der tiefen Einatmung ausdehnt und sich deine Handflächen leicht mitbewegen. Spüre, wie sich deine Bauchdecke unter deinen Händen bei der Ausatmung wieder entspannt. Wiederhole diesen Ablauf ein paar Mal ganz bewusst, fokussiert und langsam, und spüre nach.

Während dieser Pause kommst du innerlich zur Ruhe und tankst auf. Wenn du dich abends oder tagsüber energielos, müde oder gestresst fühlst, kann dir eine

Mini-Pause von etwa einer Minute helfen. Nimm dir vor, weniger zu denken und einfach zu sein. Beobachte deine Gedanken wie Wolken am Himmel, die vorbeiziehen. Genieße den kurzen Moment der inneren Stille.

Auf diese Weise verbindest du dich mit dir selbst, entspannst über die Ausatmung, energetisierst dank des einströmenden Sauerstoffs und beobachtest einfach. Diese Pause eignet sich, um einen Schritt zurückzutreten, zu beobachten. Auch ist es ein Moment der Erholung und der Regeneration. Danach kannst du deine Aufgaben wieder besser und effizienter erledigen.

In der Atempause verbindest du dich mit deinem Körper und beruhigst deinen Geist. Die Atempause kannst du immer und überall anwenden, wo du dich gerade befindest: Zuhause, im Büro, unterwegs. Sie eignet sich bei Ablenkung, Müdigkeit, Konzentrationsschwierigkeiten, zur Entspannung bei Überforderung, Zeitdruck, Stress im Alltag oder bei Schlafmangel. Damit ist sie ein unkompliziertes Werkzeug, um deine innere Stabilität zu unterstützen.

Den Puls des eigenen Herzens fühlen.
Ruhe im Innern, Ruhe im Äußern.
Wieder Atem holen lernen, das ist es.

Christian Morgenstern

Journaling

Die Methode des Journalings stammt ursprünglich aus den USA und wurde dort bereits in den 1970er Jahren bekannt. Journaling ist eine von vielen Methoden, um unsere Achtsamkeit im Alltag in wenigen Minuten zu stärken und dadurch mehr Klarheit zu erlangen.

Wir finden mit Journaling ...

- Zugang zu unseren verborgenen Gefühlen, Gedanken und Gewohnheiten, Ressourcen, Werten, Wünschen, Hoffnungen, Träumen, Visionen, Prioritäten, Intentionen, Zielen und unserem Umgang damit,
- neue Ideen und Impulse,
- Lernmöglichkeiten,
- Möglichkeiten der Struktur, Organisation und Planung,
- Klarheit über unseren Fortschritt und
- Lösungen.

Vielleicht fragst du dich jetzt, ob du eine Schriftstellerin oder ein Schriftsteller sein musst oder besonders schreibaffin, um die Methode des Journalings für dich anzuwenden. Die Antwort ist: Nein! Wichtig ist vor allem, dass du dir diesen Zugang des Selbstausdrucks grundsätzlich vorstellen und dir ein Minimum an Zeit dafür einräumen kannst. Probiere es einfach aus!

Um Journaling als Gewohnheit zu etablieren, frage dich zunächst: Wofür, wann, wie lange, wo etc. möchtest du schreiben? Du brauchst einen klaren Auslöser, platziere das Journal gut sichtbar neben dem Bett. Plane kleine Schritte, ein Satz pro Tag ist erstmal genug. Und belohne dich für diesen Satz, etwa mit einem Smiley in deinem Journal. Wenn du ein leeres Journal hast, kannst du es in unterschiedliche Abschnitte nach Themen oder Gedanken einteilen. Nimm dir gerade zu Beginn weniger vor und bleibe für eine Weile (etwa eine Woche) bei nur einer Übung.

Die Mini-Schritte fürs Journaling:

1. Besorge dir ein leeres Notizbuch, das dir preislich, von der Gestaltung oder vom Umfang her entspricht, oder besorge dir ein Journal mit konkreten Anleitungen für jeden Tag oder die Woche. Organisiere dir einen Lieblingsstift, mit dem es sich gut schreiben lässt.

2. Notiere dir direkt nach dem Aufstehen oder abends vor dem Schlafengehen eine Kleinigkeit. Reflektiere über das, was du notiert hast.

3. Dehne die Übungen aus, eigne dir neue Techniken an, die deinen Bedürfnissen entsprechen.

4. Beobachte die Veränderungen in deinem Leben.

Im Folgenden stellen wir dir fünf Übungen für ein aktives Journaling vor, die dir helfen, dich selbst zu motivieren und die berühmten ersten Schritte zu machen, wenn es darum geht, die leeren Seiten in deinem Notizbuch zu füllen. Wenn dir schon allein die Vorstellung zu viel ist, jeden Tag ein leeres Notizbuch füllen zu müssen, dann empfehlen wir dir unser „Lebensfreude-Tagebuch“. Du findest es im Buchhandel oder direkt im PAL Onlineshop unter https://shop.palverlag.de/products/das-lebensfreude-tagebuch.

Übung: Dankbarkeitsjournaling

Beim Journaling für mehr Dankbarkeit notierst du dir täglich abends drei Dinge, für die du dankbar bist. Das fördert die Wertschätzung für alles, was du hast und dadurch deine Zufriedenheit.

Wofür bin ich heute dankbar?

Wie fühle ich mich damit?

Übung: Klarheitsjournaling

Beim Journaling für mehr Klarheit geht es darum, dass wir uns mit unserem „Warum“ verbinden und zum Beispiel eine Intention, Ziele oder Prioritäten für einen bestimmten Zeitraum festlegen.

Welche Intention setze ich mir für heute/diese Woche/diesen Monat/dieses Jahr?

Was sind heute/diese Woche/diesen Monat/dieses Jahr meine drei wichtigsten Prioritäten?

Welche drei wichtigsten kurz-, mittel- oder langfristigen Ziele habe ich?

Übung: Freude-, Wunsch- oder Ideenliste

Listen sind eine ökonomische Art, um dir über dein Leben klar zu werden. Sie ermöglichen dir, deine Gedanken strukturiert und stichwortartig wiederzugeben, sie zu sortieren, die für dich wichtigsten Punkte herauszugreifen und weiter zu verfolgen.

Was bereitet(e) mir Freude?

Was sind meine Wünsche?

Welche Ideen habe ich, die ich gerne umsetzen möchte?

Übung: Fragen an dich selbst

Du kannst dir beim Journaling auch selbst Fragen stellen, die dir neue Einsichten geben und dein Leben verändern können:

Selbstliebe:
Wie kann ich mich selbst mehr lieben?

Beziehungen:
Wie kann ich meine Beziehungen verbessern?

Freude, Positivität, Glück, Kommunikation:
Was kann ich tun, um mich positiver auszurichten? Welche Worte kann ich häufiger, welche weniger häufig verwenden?

Fokus:
Wie schaffe ich es besser, meine Vorhaben umzusetzen? Wovon tue ich mehr? Wovon tue ich weniger?

Vision:
Wie möchte ich sein? Wie möchte ich leben?

Übung: Die Morgen-/Abendseiten

Die Morgenseiten gehen auf die Autorin Julia Cameron und ihren internationalen Bestseller „Der Weg des Künstlers“ zurück. Direkt nach dem Aufwachen schreiben wir nieder, was uns in den Sinn kommt, um uns gedanklich zu befreien und Raum für Kreativität zu schaffen – empfohlen werden täglich drei Seiten.

Eine analoge Technik kannst du auch am Abend anwenden oder dir konkrete Fragen stellen, die dir helfen, den Tag zu verarbeiten oder auf den Folgetag vorzubereiten:

Wie war mein Tag?

Was habe ich heute erreicht?

Was ist mir gut gelungen?

Was durfte ich heute lernen?

Was ist morgen wichtig? Was steht an?

Wie fühle ich mich?

Naturerlebnisse

Die Natur ist unser Lebenselixier. Wir finden dort alles, was wir woanders oft vergeblich suchen: Ruhe, frische Luft, entspannendes Grün, Tiere, Pflanzen und Bäume, Palmen, Berge, Meer, Seen, Sand, Blumen, fruchtbare Erde. Viele Menschen wenden sich wieder bewusst der Natur zu, als Ausgleich zu unserer hochtechnisierten und digitalisierten Welt, in der Stress, Schnelligkeit und Multitasking vorherrschen. Bücher über den Wald und das Waldbaden sind Bestseller, Urban Gardening und eine Renaissance der Schrebergärten machen die Natur auch in den Städten erfahrbar, und auch das Spazierengehen im Park haben wir wieder zu schätzen gelernt.

Was wir intuitiv fühlen, hat die Wissenschaft inzwischen gut belegt. Naturerlebnisse haben viele positive Auswirkungen auf unser Leben. Wir finden Ruhe und Ausgeglichenheit in der Natur, können schwierige Gefühle besser loslassen, schöpfen neue Energie und stärken unsere innere Stabilität.

Am liebsten würden viele von uns, wenn wir nicht gerade ausgeprägte Stadtmenschen sind, mehr Zeit in der Natur verbringen, uns mit ihr und dadurch mit uns selbst verbinden, aufs Land ziehen, reisen, vielleicht sogar auswandern, um mehr davon in unseren Alltag zu holen: Die warmen Sonnenstrahlen auf der Haut, im Regen tanzen, uns von den sanften Meereswogen schaukeln lassen, die bunten Farben des Himmels beobachten, die Form der Wolken bestaunen, das Grün und den Duft der Pflanzenwelt in uns aufnehmen, uns von bunten Blumen und Schmetterlingen inspirieren lassen, von der Stabilität der Bäume und Sträucher lernen, Tiere in ihrer eigenen Welt beobachten, mit dem Rhythmus der Natur schwingen.

Bewegung an sich ist außerdem einer der wichtigsten gesundheitsfördernden Faktoren. Wir alle bewegen uns tendenziell zu wenig, sei es, weil wir wenig Gelegenheit haben, sei es, weil wir es nicht immer so gerne tun. Da wir in der Regel viel sitzen, selbst wenn es zahlreiche Möglichkeiten für Ausflüge oder Naturerlebnisse gäbe, verlangt der Gang nach draußen uns einiges ab. Aber schon eine halbe Stunde pro Tag kann sich positiv auf uns auswirken. Wir fördern damit unsere körperliche und seelische Gesundheit. Natur und Bewegung lassen sich darüber hinaus wunderbar kombinieren!

Natur und Bewegung kombinieren

Neue Trends wie das Waldbaden (japanisch: „Shinrin Yoku“) kombinieren Achtsamkeit, Bewegung und Naturerlebnis. Wir verfolgen beim Waldbaden kein bestimmtes Ziel, wollen nicht unbedingt einen bestimmten Ort erreichen oder etwas bestimmtes „tun“, sondern vielmehr einfach „sein“: die Natur in ihrer Vielfalt und Pracht erleben, zur Ruhe kommen, innehalten, beobachten, unsere Sinne aktivieren und wahrnehmen. Im Grün des Waldes zu baden wie in einem Meer, ihn mit allen Sinnen zu erfahren und ihm achtsam zu begegnen, schenkt uns innere Ruhe und vermindert Stress. Waldbaden hat erwiesenermaßen eine stimmungsaufhellende und antidepressive Wirkung, und die Düfte des Waldes stärken zudem unsere Abwehrkräfte.

Die Natur wirkt positiv auf Körper und Seele, wir beugen Krankheiten vor oder können sie mildern. Körperlich nehmen wir reine Luft und gesunde Pflanzenstoffe auf, die Weite entspannt unsere Augen, das Grün harmonisiert, weicher Boden tut den Gelenken gut. Durch die Bewegung aktivieren wir unseren Kreislauf, den Stoffwechsel, stärken unser Immunsystem, verbessern unsere Kondition, stärken unsere Lunge und unseren Bewegungsapparat. Auch wirken Natur und Bewegung positiv auf unser Gehirn und unsere Psyche. Sie können uns seelisch beruhigen, entspannen, Stress abbauen, unsere Gedanken zur Ruhe bringen, neue Perspektiven öffnen und glücklich machen. Nicht umsonst gilt Sport als inzwischen anerkannte Methode bei psychischen Problemen wie Depressionen oder zu deren Vorbeugung. Bei Aufenthalten in der Natur fühlen wir uns stärker mit ihr verbunden und lernen, achtsam mit ihr umzugehen.

Bewegung in der Natur (und Bewegung an sich) ist entscheidend für unser Wohlbefinden und für unsere Gesundheit. Es lohnt sich also wirklich, Bewegung in der Natur zu einer täglichen Gewohnheit zu machen.

Auch hierzu haben wir im Folgenden drei einfache Übungen zusammengestellt, die dich ins aktive Tun und dabei raus in die Natur bringen. Also lies am besten die erste Übung durch, dann klappe das Buch zu und gehe direkt im Anschluss ins Freie, um die Übung sofort umzusetzen. Dann lies die nächste Übung durch und setze sie gleich im Freien um. Du wirst sehen, wie erfüllend der Effekt ist und wie sehr dich die Natur stabilisieren kann. Und fürs Lesen des restlichen Buches findest du sicher noch genug Zeit.

Übung: Praktiziere achtsames Gehen im Grünen

Achtsames Gehen in der Natur schafft eine bewusste Erfahrung und tut einfach gut! Du kommst im Hier und Jetzt an. Du findest deinen Fokus wieder, balancierst Gedanken und Gefühle und hast gleichzeitig eine Aufgabe, denn du konzentrierst dich auf das Gehen. Auch kann dich das achtsame Gehen auf eine Meditation vorbereiten. Ideal sind etwa zehn Minuten, es darf natürlich insbesondere zu Beginn kürzer sein. Wenn es warm genug ist, mach die Übung barfuß.

1. Komme zunächst ganz im Hier und Jetzt an und sammele dich: Nimm eine aufrechte Haltung an, halte die Hände vor dem Herzen, richte den Blick zu den Händen und ateme einmal bewusst ein und aus.

2. Jetzt setze achtsam und langsam einen Fuß vor den anderen, wie in Zeitlupe. Atme dabei gleichmäßig, im Einklang mit der Bewegung: Atme in den Bauch ein, wenn du den rechten Fuß nach vorne setzt, atme aus, wenn der linke Fuß nach vorne geht.

3. Wenn du die Richtung wechseln möchtest, halte kurz inne und bleib stehen. Dann drehe jeden Fuß einzeln um einen bestimmten Winkel und verfolge weiter deinen Weg.

4. Stell dich zum Schluss wieder aufrecht hin, nimm die Hände zum Herzen und sage dir ganz bewusst: „Danke!"

Übung: Verbinde dich mit der Natur mit all deinen Sinnen.

Um uns mit der Natur zu verbinden und unsere Naturerfahrung zu stärken, können wir uns in achtsamem Gewahrsein üben. Wenn du das nächste Mal ohnehin draußen bist, halte einen Moment inne: Lausche einfach wenige Minuten lang den Geräuschen, den Vögeln, dem Wind, den Blättern, dem Regen. Spüre die Luft auf deiner Haut, die weiche Bewegung des Windes. Nimm alle Farben bewusst wahr: das Grün, das Bunt, das herbstliche Gold oder das winterliche Blau. Übe dich in wertschätzender Präsenz für dieses kostenlose, immer zugängliche Geschenk.

Spüre deinen Atem – wie die Luft ein- und ausströmt, wie sich die reine Luft in deinen Bronchien und deiner Lunge ausbreitet, sie öffnet. Nimm deinen Atem ganz bewusst wahr. Spüre, wie er sich vertieft, wie du entspannst und ganz bei dir ankommst. Das ist Leben!

Achte auf deine Körperhaltung, während du dich in der Natur bewegst: Spürst du die Erdung über deine Füße? Bist du aufrecht, stolz, gerade oder gehst du gebeugt? Sind deine Schultern und Arme entspannt? Ist dein Blick weit geöffnet, oder schaust du im Tunnelblick auf den Boden?

Übung: Mini-Schritte für mehr Bewegung in der Natur

1. Verbinde dich, wo du gerade bist, mit der Natur: Sieh dir die Blätter an, wie sie sich im Wind bewegen, beobachte die Vögel, den Himmel, die Wolken, öffne das Fenster, atme die frische Luft ein – so bekommst du vielleicht Lust auf mehr.

2. Lege deine Kleidung zurecht, die du für einen Spaziergang oder sogar eine Sporteinheit im Freien benötigst.

3. Zieh schon mal deine Schuhe an, dann ist es nur noch ein Schritt nach draußen.

4. Nutze deine täglichen Wege für Bewegung in der Natur: Steig heute eine Haltestelle früher aus und erkunde die Natur in deiner näheren Umgebung.

5. Steigere deine Bewegungseinheiten in der Natur und dein achtsames Gewahrsein.

Wer den Weg zur Natur findet – findet auch den Weg zu sich selbst.

Klaus Ender

Schlusswort

In diesem Ratgeber haben wir dir viele Informationen und Impulse und einen ganzen „Werkzeugkasten“ an Strategien und Übungen an die Hand gegeben, mit dem du dich in deinem Leben verankern kannst. Wir hoffen, sie inspirieren dich und sind dir Unterstützung und Motivation, anzufangen und deinen Weg aufrecht durchs Leben zu gehen oder, besser noch, zu tanzen – in deinem Rhythmus und mit deiner Haltung.

Deine innere Stabilität zu finden ist in erster Linie ein Geschenk, das du dir jeden Tag aufs Neue selbst machen kannst. Sie hilft dir, unabhängig zu werden von äußeren Einflüssen, von all dem, was du eben nicht lenken kannst. Innere Stabilität bedeutet, du kannst dich auf dich selbst verlassen und ruhst in dir selbst.

Setze auf dem Weg zu (mehr) innerer Stabilität keine falschen oder zu hohe Erwartungen an dich selbst. Wenn du vor schwierigen Entscheidungen stehst, wenn du Schicksalsschläge erleidest oder zurückgeworfen wirst, dann ist es vollkommen normal und menschlich, darauf emotional zu reagieren. Innerlich stabil zu sein bedeutet nicht, stoisch alles ertragen zu können. Du darfst und sollst verwundbar sein, du darfst und sollst Gefühle haben und zeigen. Innere Stabilität ist die Gewissheit, dass du auch mit Ausnahmesituationen umgehen kannst, das Gefühl, in dir sicher, heil und geborgen zu sein.

Aber innere Stabilität zu besitzen bedeutet mehr, als für dich selbst ein Fels in der Brandung zu sein. Ein Fels liegt nur da und bewegt sich nicht. Aber das Leben ist Bewegung. Nur wer sich im Leben flexibel bewegen kann, mit dem Auf und Ab des Lebens mitgehen kann, ohne sich selbst zu verlieren, ist wirklich stabil. Wenn dir das gelingt, dann bist du in der Lage, deinen Alltag mit allen seinen Anforderungen und Belastungen mit Leichtigkeit zu meistern.

Ich wünsche es dir im Namen aller beitragenden Autorinnen.

Alles Gute für dich!
Deine
Maja Günther

Über die beitragenden Autorinnen

Dr. Psych. Christa Diegelmann und **Dr. Psych. Margarete Isermann** zählen zu den führenden Trauma-Therapeut:innen und Psycho-Onkolog:innen Deutschlands. Als Gründerinnen und Leiterinnen des ID-Instituts für innovative Gesundheitskonzepte geben sie jedes Jahr zahlreiche ressourcenorientierte Seminare und Workshops für Krebspatient:innen und arbeiten als Supervisorinnen für Therapeut:innen. Daneben sind sie seit vielen Jahren erfolgreiche Autorinnen von Fach- und Sachbüchern. Mehr Informationen unter https://www.idinstitut.de/aktuelles.php

Dr. Psych. Ingeborg Warnke arbeitet als wissenschaftliche Mitarbeiterin an der Universität Zürich mit Fokus auf die Themen Bildung und Gesundheitsversorgung. Daneben ist sie zertifizierte MBSR-Trainerin und schreibt regelmäßig für die vielbesuchte Rubrik „Das Lebenshilfe-ABC" auf palverlag.de. Mehr Informationen unter https://www.palverlag.de/autorenportrait-ingeborg-warnke.html

Die **Diplom-Psychologin und Psychotherapeutin Dr. Doris Wolf** ist eine der mit Abstand erfolgreichsten Autorinnen für psychologische Ratgeber im deutschsprachigen Raum. In ihren zahlreichen Ratgeber-Bestsellern lässt sie seit über 35 Jahren eine große und ständig wachsende Leser:innenschaft an ihrem Wissen teilhaben, das sie täglich in ihrer Praxis weitergibt. Mehr Informationen unter https://www.palverlag.de/autorenportrait_dr_doris_wolf.html

Dr. Andrea Sterr arbeitet als Fachärztin für für Psychiatrie und Psychotherapie in der Psychiatrischen Klinik der Ludwig Maximilian Universität in München und in ihrer Privatpraxis. Sie hat an internationalen Forschungsstudien mitgewirkt und veröffentlicht bei PAL sowohl Website-Beiträge als auch Ratgeberbücher. Mehr Informationen unter https://www.palverlag.de/autorenportrait-andrea-sterr.html

Leseprobe „Durch die Krise begleiten“

Hat dir dieser Ratgeber gefallen? Dann empfehlen wir dir einen weiteren Ratgeber aus dem PAL Buchprogramm zu einem ähnlichen Thema: „Durch die Krisen begleiten“ gibt Rat und Hilfe für Angehörige und Freunde von Menschen, die sich in einer körperlichen oder psychischen Krisensituation befinden – unabhängig von der jeweiligen Krise der Betroffenen. Die Beraterin und Coach Maja Günther und die Psychiaterin und Psychotherapeutin Dr. Andrea Sterr zeigen psychologische Strategien, um die Balance zu finden auf dem schmalen Grat zwischen Fürsorge und Überforderung.

Im Folgenden werden dir Vorwort, Einleitung und einen Teil des ersten Kapitels vorgestellt. Den vollständigen Ratgeber findest du als Buch und E-Book im Buchhandel, Online-Buchhandel und bei uns im PAL Onlineshop unter https://shop.palverlag.de/products/durch-die-krise-begleiten.

Ein persönliches Vorwort

Mit diesem Buch möchten wir allen, die einen anderen Menschen durch seine Krisen begleiten, Mut machen, ihnen zur Seite stehen und praktische Hilfe zur Selbsthilfe geben. Diese Begleiterinnen und Begleiter sind von wesentlicher Bedeutung für die Betroffenen, tragen durch schwere Zeiten – und finden dennoch oft wenig Beachtung, von anderen und sich selbst.

Das Thema Krisenbegleitung beschäftigt uns beruflich wie auch persönlich seit vielen Jahren. Wir treffen in Beratung und Therapie auf Menschen, die an Krisen anderer teilhaben, miteinbezogen sind und spüren, wie wichtig ihre eigene psychische und körperliche Stabilität ist, um überhaupt begleiten zu können. Oft fehlen ihnen sowohl das Bewusstsein für die eigene Befindlichkeit als auch das Wissen, wie Ressourcen aufgebaut und die eigene psychische Stabilität erlangt und erhalten werden können.

Persönlich haben wir Menschen, die uns sehr nahe sind, durch Krisen begleitet, mitunter bis zu ihrem Tod. Wir erlebten, wie sich auch für uns alles veränderte, kennen das Gefühl ausgepowert, überlastet zu sein und an Grenzen zu stehen. Um alles am Laufen zu halten, haben wir funktioniert, waren Sprachrohr und befanden uns in einer Art Vermittlerrolle. Menschen in unserem Umfeld begegneten den Betroffenen und uns entweder überfürsorglich oder bemitleidend – beides half nicht. Gleichzeitig entstand das Gefühl, selbst unsichtbar zu werden, da es über uns scheinbar nichts mehr zu berichten gab. Wir bekamen Ratschläge, nach denen wir nicht gefragt hatten; offenbar traute sich niemand mehr, über unbeschwerte Themen zu sprechen oder eine leichte, entspannte Zeit mit uns zu verbringen. Auch wurden wir mit Bewertungen anderer konfrontiert, was unser Gefühl verstärkte, dass wenig echtes Verständnis für unsere Situation vorhanden war und wenig Bereitschaft, sich wirklich darauf einzulassen.

Hinzu kam, dass wir auch bestimmte Entscheidungen der begleiteten Betroffenen nicht mehr verstanden, denn so nah wir ihnen vor der Krise waren, so sehr wir sie verstanden, sie hatten sich durch die Krise verändert und von uns entfernt. In besonders schwierigen Phasen fanden wir kaum eine funktionierende Beziehungsebene, aber auch keine Zeit, uns Gedanken darüber zu machen, wie es weitergehen wird, geschweige denn, uns mit den Themen Abschied oder Tod auseinanderzusetzen. Und das alles passierte, während wir selbst mitten im Leben standen.

Heute ist klar: Wir möchten diese Erfahrungen und diese schwierigen Zeiten nicht missen. Trotz aller belastenden Erlebnisse waren sie unglaublich lehrreich und voll von Emotionen – negativen wie positiven. Wir haben gelernt, uns jederzeit gut um uns zu kümmern, und verstanden, dass jeder Mensch, der einen anderen durch eine Krise begleitet, sein eigener Experte und für sich selbst verantwortlich ist. Und dennoch: Wir hätten uns auch rückblickend mehr echte und konkrete Unterstützung gewünscht, um sicherer auf dem schmalen Grat zwischen Fürsorge und Überforderung zu balancieren. Deshalb ist es uns nicht nur ein fachliches, sondern auch ein Herzensanliegen gewesen, dieses Buch zu schreiben.

Wir danken allen Menschen, die uns vertrauensvoll und offen in ihre Krisen miteinbezogen haben. Gemeinsam durften wir eine so wichtige wie berührende Erfahrung teilen:

> Krisen sind nicht deine Feinde.
> Krisen bedeuten Veränderung und Bewegung.
> Veränderung und Bewegung sind
> Grundprinzipien des Lebens.
> Es gibt kein Verharren, kein Festhalten,
> keinen Stillstand.

Wir wollen Kraft und Halt geben in Situationen, die Veränderung bedeuten, die schmerzhaft sind, die zu überfordern scheinen. Wir wollen Sie unterstützen – im Vertrauen und in der Zuversicht, dass auch Positives, manchmal sogar Sinnhaftigkeit entsteht, wenn wir uns Krisen stellen, sie annehmen und für Veränderung offen sind.

Zu Beginn

Krisen haben eine Sogwirkung – ganz gleich, ob sie uns persönlich betreffen oder wir andere durch eine Krise begleiten, etwa weil die Betroffenen Freunde, nahe Verwandte oder die eigenen Partner sind. Denn Krisen sind prägende, ja entscheidende Abschnitte auf unserem Lebensweg, die alles Bisherige verändern und denen wir uns nicht entziehen können.

Es gibt viele Bücher darüber, wie man eine Krise bewältigt. Allerdings haben sich bislang nur wenige mit der Begleitung eines von einer Krise betroffenen Menschen beschäftigt. Dieser Ratgeber richtet sich an all diejenigen, die einem anderen in einer schweren Zeit zur Seite stehen.

In unserer Gesellschaft gibt es eine Vorstellung, wie Begleitende einer Krise sein sollen: niedergeschlagen, betroffen, mitleidend. Wir wissen jedoch, wie frustrierend und entmutigend es ist, durch die Krise nicht nur einen neuen, fremdbestimmten Fokus im Leben zu bekommen, sondern von einem Moment auf den anderen für die Außenwelt unsichtbar zu werden. Dazu fällt uns ein Beispiel aus dem Freundeskreis ein: Als Nicole vor Jahren ihren todkranken Ex-Mann Thomas pflegte, wurde sie von ihrem Umfeld immer wieder gefragt: „Und, wie geht es Thomas?“ Niemand aber wollte wissen, wie es ihr dabei ging. Zudem wurde Nicole unfreiwillig zu einer Art Sprachrohr für Thomas, denn offenbar traute sich kaum jemand, ihn als direkt Betroffenen nach seinem Befinden zu fragen.

Es gäbe sicher noch viele andere Beispiele, die verdeutlichen, wie hart und entbehrungsreich, vor allem aber wie wenig aner kannt die Begleitung durch eine Krise sein kann. Aus diesem Grund soll es in diesem Buch um diejenigen gehen, die sich aufopferungsvoll um einen anderen kümmern. Auch diese Menschen brauchen Unterstützung, Verständnis, Nachsicht und Zuneigung, Momente der Entlastung, der Normalität und des Glücks, gerade dann, wenn die Not am größten ist. Denn die permanente Anspannung wird irgendwann auch für die Begleitenden zum Problem. Wie bei einer Kugelschreiberfeder, die ständig zusammengedrückt wird, oder einem Muskel, der ständig kontrahiert: Irgendwann kann die Spannung nicht mehr aufrechterhalten werden.

Betroffene sind gezwungen, ihre Situation anzunehmen und sich mit ihr auseinanderzusetzen. Für Angehörige oder in der Krise Begleitende ist das oft viel schwerer. Sie sind selbst nicht betroffen und leiden doch unter der Krise. Auch sie durchlaufen unterschiedliche emotionale Prozesse, und selbstverständlich haben auch sie Bedürfnisse, die ihren Platz und Erfüllung fordern.

Aber es ist wie ein unausgesprochenes Gesetz: Wer zwar selbst nicht betroffen ist, aber eine Krise als Partnerin oder Partner, Freund oder Angehöriger begleitet, darf selbst keine Freude mehr empfinden. Das sorgt für schlechte Gefühle bei den Begleitenden, weil sie sich schämen, wenn sie mal einen guten Tag haben, trotz der belastenden Umstände. Dabei kann es viel unterstützender sein, wenn der oder die Begleitende positive Gefühle wie Freude lebt und erlebt.

Menschen sind unterschiedlich. Aus diesem Grund reagiert auch jeder anders auf die Krise einer nahestehenden Person. Die einen verfallen in Aktionismus, um das ungute Gefühl der Hilflosigkeit zu verdrängen. Die anderen tragen einen Zweckoptimismus zur Schau, der die eigene Trauer überdeckt. Und wieder andere sind gelähmt von Betroffenheit oder distanzieren sich aus Sorge, dass ihre Hilfsangebote unangemessen oder nicht ausreichend sein könnten.

Dieses Buch möchte Menschen, die die Krise eines anderen miterleben oder sogar begleiten, erlauben, sich selbst und ihre Bedürfnisse zu spüren und sich eine Pause zu gönnen. Der Blick soll auf das gelenkt werden, was im Unglück gut ist. Das tut nicht nur den Betroffenen, sondern auch den Begleitenden gut. Ihre seelische Gesundheit ist von enormer Wichtigkeit, auch für den Verlauf der Krise. Wenn immer nur alles schlecht, kräftezehrend und elend ist, wird man handlungsunfähig. Man sitzt sprichwörtlich im selben Boot wie die Betroffenen, was in seltenen Fällen sogar in eine Co-Abhängigkeit oder ein Helfersyndrom münden kann. Dabei kann die Krise auch eine einmalige Möglichkeit sein: Etwas wird sich ändern. Möglicherweise sogar zum Guten. Wir sind der festen Überzeugung, dass jede Krise das Potenzial hat, gestärkt aus ihr hervorzugehen und seinen Frieden mit ihr zu machen.

Wir sind Dr. Andrea Sterr und Maja Günther. Andrea Sterr ist Fachärztin für Psychiatrie und Psychotherapie. Nach dem Medizinstudium und der Promotion im Fach Anästhesie hat sie sich für die Psychiatrie entschieden, weil ihr die Menschen, ihre Belange und der persönliche Kontakt zu ihnen sehr am Herzen liegen.

So hat Andrea Sterr hat mehrere Jahre die Krisen- und Aufnahmestation und die Station für Suchterkrankungen der psychiatrischen Klinik der LMU München, Nußbaumstraße ärztlich betreut und auch in ihrer Tätigkeit als Dienstärztin und Konsiliarpsychiaterin immer wieder Krisen aufgefangen und begleitet. Auch in ihrer ambulanten niedergelassenen Tätigkeit unterstützt sie Menschen, die mit ihrer Lebenssituation nicht mehr zurechtkommen, gesprächstherapeutisch sowie medikamentös. Andrea Sterr wird im Buch unter anderem wichtige Begriffe beziehungsweise Krankheitsbilder in den Infokästen erklären.

Die Diplom-Soziologin Maja Günther arbeitet seit 15 Jahren als systemische Coachin und externe Mitarbeiterberaterin für Unternehmen und Institutionen. Unter anderem begleitet sie Arbeitnehmerinnen und Arbeitnehmer, denen gekündigt wurde, auf ihrer Jobsuche. Dabei geht es sowohl um seelische Unterstützung als auch darum, den Betroffenen zu zeigen, wie sie ihre eigenen Kompetenzen (wieder) entdecken und fördern sowie ihr Selbstbewusstsein stärken können.

Darüber hinaus bietet Maja Günther Einzel- und Paarberatungen an, hält Seminare und Webinare und ist Autorin und Hörbuchregisseurin für Ratgeber im Bereich Lebenshilfe. In ihrem Life-Coaching-Podcast „Wecke deine Lebensfreude“ spricht sie über Themen wie Selbstwert oder Auszeiten im Alltag. Weil viele Podcastfolgen die Inhalte in diesem Ratgeberbuch ergänzen, wird an den entsprechenden Stellen darauf hingewiesen. Zum Podcast können Sie über einen QR-Code auf Seite 138 gelangen.

Sowohl in unserer therapeutischen Praxis als auch im privaten Umfeld haben wir oft und mitunter am eigenen Leib erlebt, dass in einer Krise meist alle auf die Betroffenen schauen. Sie stehen im Zentrum ihres „Unglücks", während die Begleitenden in den Schatten verschwinden. Aus dieser Dunkelheit wieder herauszutreten und eigenes Lebensglück zu empfinden, kann mitunter ein sehr schwerer Weg sein.

Darum haben wir dieses Buch mit vielen praktischen Übungen, wissenschaftlichen Erkenntnissen und Erfahrungswerten aus unserer Arbeit mit Menschen geschrieben. Es soll allen Begleitenden in der Krise ein Anker sein. Und es soll allen Betroffenen aufzeigen, wie groß die Aufgabe ist, der sich diese Ihnen nahestehende Person angenommen hat.

1 Die Krise als Wendepunkt verstehen

„Ich glaub, ich krieg die Krise!" Hand aufs Herz: Wie oft haben Sie den Satz schon gedacht oder sogar gesagt? Im Deutschen, vor allem in der Umgangssprache, verwenden wir das Wort Krise nicht nur sehr häufig, sondern auch vollkommen selbstverständlich. Wir sprechen über Beziehungskrisen, Lebenskrisen, Finanzkrisen, Regierungskrisen und Klimakrisen, kennen Krisengipfel, Krisensitzungen und Krisenregionen, und wenn wir davon sprechen, dass es zwischen zwei Menschen kriselt, meinen wir damit nichts Positives.

Denn in unserem Verständnis bedeutet das Wort Krise so viel wie Notlage, Misere oder Schlamassel. Wer in der Krise steckt oder gerade hineinschlittert, hat ein Problem.

Das ist interessant und durchaus einen zweiten Blick wert.

Was bedeutet Krise wirklich?

Das Wort „Krisis" stammt aus dem Griechischen und bezeichnet eine „Zuspitzung", aber auch „Entscheidung". Sind Krisen also per se negativ? Zumindest im ursprünglichen Wortsinn nicht, vielmehr ist der Begriff neutral zu verstehen – denn eine „entscheidende Wendung" kann natürlich auch ins Positive gehen.

Dennoch hat sich in unserer Sprache und damit auch in unserem Verständnis die negative Konnotation der Krise durchgesetzt. Psychosozial bedeutet Krise einen Verlust des seelischen Gleichgewichts, ausgelöst durch verschiedene Ereignisse im Außen oder im Innen. Charakteristisch für die Krise ist auch, dass sie vom Betroffenen nicht ohne Weiteres aus eigener Kraft bewältigt werden kann. Bekannte Problembewältigungsstrategien, erlernte Verhaltensmuster und psychische Stabilität beziehungsweise Resilienz reichen nicht mehr aus, um rasch wieder auf die Beine zu kommen. In der Krise werden Herausforderungen zu Problemen, Lösbares zu Unlösbarem, Hürden zu unüberwindlichen Hindernissen. Einerseits, weil die Situation so neu ist, dass man noch nicht gelernt hat, mit ihr umzugehen, oder ein Ausmaß annimmt, dem man sich nicht mehr gewachsen fühlt; andererseits, weil die zur Verfügung stehenden Mittel mit einem Mal nicht mehr ausreichen oder unbrauchbar geworden sind.

Was ist eine Krise?

Eine Krise ist in der Regel kein singuläres, punktuelles Ereignis, sondern dauert über einen längeren Zeitraum. Sie beschreibt eine Situation, die vom Alltag abweicht und verhindert, dass dieser wie gewohnt gelebt werden kann. Sie beschäftigt und beeindruckt in außergewöhnlichem Maße. Eine Krise wird dann ausgelöst, wenn die eigene Belastbarkeit überschritten wird und die „normalen" seelischen Ressourcen nicht mehr ausreichen, um Veränderungen zu bewältigen. Sie manifestiert sich in einer besonderen Zeit der Anspannung. Meist ist die Krise negativ belegt, da sie eine unmittelbare Veränderung bedeutet und uns Veränderungen oftmals verunsichern, ganz gleich ob sie positive oder negative Konsequenzen nach sich ziehen.

Selbstverantwortung während der Krise

Wie intensiv eine Krise ausfällt, hängt davon ab, welche Bedeutung wir ihr und ihrem Anlass beimessen – das trifft auch auf die Auswirkungen von Krisen zu. Das bedeutet, dass man die Verantwortung für eine Krise nicht einfach an jemanden oder etwas abgeben kann. Wie stark sich eine Krise auf körperlicher, emotionaler oder sozialer Ebene auswirkt, gestalten wir aktiv mit. Vor allem bei der Bewältigung der Krise spielt unsere Fähigkeit, uns selbst zu helfen und auch die Hilfe anderer anzunehmen, eine entscheidende Rolle.

Wer einen Menschen in seiner nächsten oder näheren Umgebung in einer schwierigen Zeit unterstützen möchte, trägt damit zur Bewältigung der Krise bei. Diese stellt einen Zeitpunkt der Gefährdung dar, unabhängig davon, ob sie im Grunde auch als neutrales Ereignis zu verstehen wäre. Denn der Krise immanent ist, dass sich etwas ändern wird. Ob zum Guten oder zum Schlechten ist dabei nicht gesagt – das hängt eben auch vom Betroffenen und seiner Krisenbewältigung ab.

Krisen durch Übergänge

In der Psychologie unterscheiden wir zwei Arten von Krisen. Da sind zum einen diejenigen Krisen, die entstehen, weil sich das Leben oder der Alltag verändern. Man spricht hierbei von Lebensveränderungskrisen. Die Pubertät, aber auch unterschiedliche Momente des Umbruchs gehören dazu: der Schulabschluss, die Loslösung vom Elternhaus, der erste Job, das Leben als Paar mit Kindern, der Verlust eines Arbeitsplatzes oder der umgekehrte Fall einer Beförderung, Misserfolge, aber auch Erfolge, Umzüge, die berühmte Midlife-Crisis, der Beginn des Ruhestands oder auch der Auszug der Kinder ... In der Regel sind wir dazu fähig, die Veränderung mithilfe verschiedener Reifungsschritte zu meistern. Wir wachsen wortwörtlich an der Herausforderung, beispielsweise indem wir uns anpassen oder etwas an uns oder unserer Situation verändern, die neue Situation beziehungsweise Gegebenheit annehmen und gewohnte Strukturen loslassen.

Jeder Mensch ist in seinem Leben einer Vielzahl von Lebensveränderungskrisen ausgesetzt. Oft waren oder sind diese Phasen kein gemütlicher Weg. Nein, es hat geknirscht und geknarzt im Getriebe, beim einen, als die Kinder in die Beziehung kamen, beim anderen, als eine neue Beziehung begann. Es ist hochgradig individuell und von unseren bisherigen Erfahrungen sowie unserer Persönlichkeit abhängig, ob uns eine Veränderung in unserem Leben aus der Bahn wirft. In den meisten Fällen sind diese Lebensphasen aufreibend, vielleicht auch überwältigend, und von Zeit zu Zeit wirkt es sogar so, als scheiterten wir an ihnen.

Doch im Grunde wissen wir: Es ruckelt eben ein bisschen, wenn das Leben in den nächsten Gang schaltet. Das ist okay, damit können wir umgehen, auch weil Menschen eine erstaunliche Fähigkeit besitzen: Wir gewöhnen uns an vieles und sind in der Lage, unser Verhalten an die Begebenheiten anzupassen. In einer Lebensveränderungskrise stecken wir alle früher oder später einmal, doch den meisten gelingt es aus eigener Kraft, sie zu meistern.

Was aber, wenn das normale „an etwas Wachsen“ nicht funktioniert? Wenn die Reifungsschritte blockiert sind und die Weiterentwicklung hakt? Wenn der nächste Gang nicht eingelegt werden kann, weil die Kupplung streikt oder die Gangschaltung nicht mehr funktioniert? Dann können lebensverändernde Phasen in echte Krisen münden – und dann helfen auch keine gut gemeinten Ratschläge wie „Das wird schon werden!“ oder „Augen zu und durch!“

Krisen durch traumatische Ereignisse

Viele Krisen, die durch ein traumatisches Ereignis ausgelöst werden, bedrohen nicht nur unsere Gewohnheiten und unseren Alltag, sie stellen eine echte Gefahr für unsere physische oder psychische Existenz, unsere Identität oder Sicherheit dar. Die Auslöser sind mannigfach und reichen von einem Unfall über den Verlust eines geliebten Menschen bis hin zu Naturkatastrophen. Aber auch vermeintlich positive Ereignisse wie eine Heirat, die Geburt eines Kindes oder ein neuer Job können, sofern sie in der Psyche traumatisch wirken, Krisen auslösen. Und auch hier gilt: Wenn für den einen ein Ereignis diese Wirkung hat, muss es das für den anderen noch lange nicht haben.

Was löst eine Krise aus?

Es gibt zwei Arten von Krisen: die Lebensveränderungskrisen, die wir meist durch Anpassung oder Hineinwachsen meistern, und die traumatischen Krisen, die durch bestimmte Ereignisse ausgelöst werden, die auf unsere Psyche wie ein Trauma wirken. Wie sich eine Krise in uns auswirkt oder wie lange es dauert, sie zu bewältigen, hängt von unserer Persönlichkeit und unserer Resilienz ab und ist ein durch und durch individueller Prozess.

Unsere Reaktionen auf eine Krise sind unterschiedlich

Warum gibt es Menschen, die, egal was ihnen widerfährt, unerschütterlich wirken? Die selbst nach schlimmen Erlebnissen oder schmerzhaften Verlusten den Lebensmut nicht verlieren? Grund dafür ist die Resilienz, die seelische Widerstandskraft.

Im Podcast „Zeit Verbrechen" wurde vor einiger Zeit eindrücklich beschrieben, wie unterschiedlich Menschen mit traumatischen Erlebnissen umgehen. Die Folge „Nach der Bombe" behandelte die Ereignisse rund um den 22. März 2016, als an verschiedenen Orten in Brüssel Bomben explodierten, 35 Menschen in den Tod rissen und 340 verletzten. Einer der Überlebenden heißt Walter Benjamin. Der gebürtige Israeli war auf dem Weg nach Tel Aviv, um seine Tochter zu besuchen. Dann explodierte eine Bombe, gezündet von fanatischen IS-Kämpfern, die in Brüssel ein Exempel statuieren wollten.

Benjamin verlor ein Bein und überlebte nur, weil ein Flughafentechniker ihn vor dem Verbluten rettete. Während der Schwerverletzte bald neuen Lebensmut entwickelte, konnte der Retter seit dem Tag des Anschlags nicht mehr arbeiten. Was er erlebt hatte, traumatisierte ihn zu schwer – dabei war sein Körper unversehrt.

Wie kann es sein, dass ein Mann, der ein Bein verloren hat und beinahe gestorben wäre, in keine psychische Krise verfällt, während ein anderer, körperlich unverletzt, daran fast zugrunde geht? Yori Gidron, Psychologe und Neurowissen schaftler, versucht herauszufinden, was mit Menschen passiert, die eine existenzielle Bedrohung erleben. Er reist um die Welt, um Menschen kennenzulernen, denen Schreckliches widerfahren ist – und die dennoch seelisch intakt bleiben. Er weiß: Nur etwa 30 Prozent aller Opfer, die einen Terrorakt überleben, leiden anschließend unter einer posttraumatischen Belastungsstörung. Das bedeutet im Umkehrschluss, dass 70 Prozent seelisch gesund bleiben.

Diese psychische Widerstandskraft, die manche Menschen von Haus aus mitbringen und andere erlernen, nennt man Resilienz. Viele Neurowissenschaftler, Psychologen und Psychiater haben die Themen Traumatisierung und posttraumatische Belastungsstörung in den letzten drei Jahrzehnten intensiv erforscht.

Mittlerweile verstehen wir die neurobiologischen Grundlagen, wissen von der Überaktivierung bestimmter Hirnregionen, kennen Regelkreise bei Menschen mit Traumafolgesymptomen und neurobiologische Besonderheiten bei Menschen mit Resilienz. So spielt zum Beispiel die Amygdala (eine Region des limbischen Systems) in Verbindung mit Hirnarealen für Gedächtnisinhalte bei der Aufrechterhaltung angstbesetzter Erinnerungen (unter anderem auch sogenannte „Flashbacks“) eine besondere Rolle. Menschen mit Traumafolgesymptomen zeigen eine Überaktivierung der Amygdala. Hingegen gibt es Regionen der Hirnrinde, zum Beispiel den präfrontalen Kortex, die eine zentrale Rolle bei der Kontrolle dieser emotionalen Zustände spielen und bei resilienten Menschen stärker ausgeprägt oder aktiviert sind.

Heutzutage gibt es einige sehr wirksame Therapieformen zur Behandlung von Traumafolgeerkrankungen, die eines gemeinsam haben: eine therapeutisch unterstützte Auseinandersetzung mittels Schilderung oder Imagination der relevanten traumatischen Erfahrungen, die den Betroffenen hilft, das Erlebte zu verarbeiten, sich davon zu distanzieren, wieder Kontrolle zu gewinnen und das eigene Leben positiv zu gestalten. Auch Yori Gidron wendet ein solches Verfahren an. Gidron beobachtete dabei, dass durch diese Entemotionalisierung und Wiederholung eine Desensibilisierung und Distanzierung gegenüber den Traumainhalten stattfand und die Betroffenen nach etwa drei Monaten weniger körperliche Anzeichen von posttraumatischem Stress erlebten.

Das Beispiel des Bombenanschlags von Brüssel zeigt, dass nicht jeder gleich widerstandsfähig ist. Die einen stecken Tiefschläge besser weg als die anderen.

Dank vieler wissenschaftlicher Untersuchungen wissen wir außerdem, dass sich Resilienz stärken lässt (gerade auch durch verschiedene psychotherapeutische Ansätze) und dass auch nicht oder weniger resiliente Menschen Traumata und Krisen bewältigen können.

Was ist Resilienz?

Mit Resilienz wird in der Psychologie die „seelische Widerstandskraft“ beschrieben, also wie Menschen auf ein traumatisches Ereignis oder eine Krise reagieren. Die Wissenschaft ging lange Zeit davon aus, dass Resilienz zu einem großen Teil angeboren ist. Durch verschiedene Studien wurde mittlerweile aber nachgewiesen, dass sie durch Sozialisation und Erziehung mitbeeinflusst und auch „erlernt“ werden kann.

Forscher aus den USA konnten im Jahr 2010 nachweisen, dass Menschen, die sich hin und wieder schwierigen Lebenssituationen stellten und sie bewältigen mussten, über mehr Resilienz verfügten als diejenigen, die weniger Herausforderungen zu bewältigen hatten. Man kann eine Krise also als schlimme, problembelastete Zeit verstehen – aber auch als eine Art Trainingslager für mehr seelische Widerstandskraft.

Die Krise erkennen

Keine Krise gleicht der anderen – sie kommen stets in unterschiedlichem Gewand daher. Da sich dieses Buch vor allem an diejenigen richtet, die eine Krise begleiten, weil sie eine nahestehende oder angehörige Person des Betroffenen sind, halten wir es für wichtig, als Außenstehender die Anzeichen für eine Krise erkennen zu können. Nicht immer geht nämlich ein sichtbares, fühlbares Ereignis voran, das eine Krise auslöst. Gerade Beziehungs-, Job- oder Identitätskrisen bauen sich oft über Monate bis Jahre auf, ehe sie zum Ausbruch kommen. Was der Auslöser oder der berühmte Tropfen ist, der das

Fass zum Überlaufen bringt und die Krise ausbrechen lässt, ist im Nachhinein oft schwer nachzuvollziehen.

Wie erkenne ich also eine Krise? Sie zeigt sich auf zwei verschiedenen Ebenen: in der Psyche, aber auch in der Physis.

Psychische Symptome:

- labile Grundstimmung
- Anspannung und Erregung bis hin zu Stressgefühlen
- Angstzustände und Panikattacken
- Hilf- und Ausweglosigkeit
- Schwarz-Weiß-Denken
- „Karussell"-Denken, Fokussierung auf das Problem, „Verbeißen" im Thema
- Ausblendung von Handlungsalternativen
- irrationales Denken, oft sprunghaft und desorganisiert
- Ablehnung oder Verleugnung, auch durch eskapistische Gedanken (Flucht in Traumwelt oder Fantasie)
- unkoordinierte, ziellose Handlungen, manchmal in Form von „sinnlosen" Ersatzhandlungen
- Aggression gegen andere oder sich selbst
- soziale Isolation
- das Gefühl, von niemandem verstanden zu werden

Physische Symptome:

- Erschöpfung und Müdigkeit, oft gepaart mit Schlaflosigkeit
- Herzrasen
- Atemnot
- Kopfschmerzen, Schwindel
- Störungen des Magen-Darm-Trakts
- Einschränkungen der Mobilität, Zittern
- Appetitlosigkeit oder übermäßige Nahrungszufuhr (Essattacken)

Doch Vorsicht: Nicht jeder, der für eine Weile müde und abgekämpft aussieht, Gewicht verliert oder sich für eine Zeitlang aus dem sozialen Leben zurückzieht, muss deswegen in einer Krise stecken. Oft ist es eine Vielzahl von unterschiedlichen Symptomen, die eine Krise anzeigen. Gleichzeitig müssen nicht alle Symptome vorhanden sein, um einem Außenstehenden klarzumachen, dass ein Mensch in einer Krise steckt.

Ein Fallbeispiel

Hans und Anneliese sind seit vielen Jahren glücklich verheiratet, nun soll sie am Herzen operiert werden. Hans behauptet gegenüber seinem Schwiegersohn Sven, der Operation gelassen entgegenzublicken. Als Sven am Tag des Eingriffs jedoch zu Hans nach Hause kommt, findet er den konzentriert arbeitenden Schwiegervater auf Knien im Hof vor, wo er die Pflastersteine neu verlegt. Auf den ersten Blick erkennt Sven, dass sein Schwiegervater neben sich steht: Denn die Steine liegen nach einem vollkommen irrwitzigen Muster im Hof, das mit dem vorangegangenen nichts zu tun hat. Ihm wird bewusst, dass Hans das Pflastern des Hofes als Ablenkung oder Bewältigungsstrategie dient – also kniet er sich neben ihn und hilft, die Steine nach dem „neuen“, wenn auch sinnlosen Muster zu verlegen, bis der erlösende Anruf aus dem Krankenhaus kommt, dass Anneliese aus der Narkose erwacht ist und nach ihrem Mann fragt.

Sven reagierte in der geschilderten Situation empathisch und richtig. Weder bewertete noch korrigierte er Hans‘ Bewältigungsstrategie, mit Annelieses Operation und seiner persönlichen Krise umzugehen, sondern erkannte die Bedeutung des falschen Musters und ließ dem Schwiegervater die Möglichkeit, sich auf diese Art einen Moment der Entspannung, Zerstreuung oder Ablenkung zu verschaffen. Er half ihm sogar, das „falsche“ Steinmuster fortzuführen, obwohl er wusste, dass die Arbeit umsonst war. Damit begriff er nicht nur, was für Hans in diesem Moment wichtig war, sondern erkannte auch, dass sich der Schwiegervater in einer – wenn auch kurzen – kritischen Phase befand. Er korrigierte ihn nicht, sagte ihm nicht, was „gut“ für ihn sei, sondern unterstützte ihn auf seinem persönlichen Weg.

So individuell die Auslöser einer Krise sind, so ähnlich ist meist der Verlauf: Es gibt einen sichtbaren oder unsichtbaren Auslöser, eine Reaktion darauf, eine Bewältigung und ein Ende. Es kann vorkommen, dass eine Krise in die nächste übergeht, beispielsweise eine Partnerschaftskrise, die nach Beziehungsende in eine Existenz- oder Identitätskrise mündet – doch in der Regel ist eine Krise kein Dauerzustand.

PAL Lebenshilfe-Bibliothek
Ratgeber erfahrener Therapeuten

Rolf Merkle
So gewinnen Sie mehr Selbstvertrauen
Auflage 320.000 Exemplare

Doris Wolf/Rolf Merkle
Gefühle verstehen, Probleme bewältigen
Auflage 380.000 Exemplare

Doris Wolf
Einen geliebten Menschen verlieren
Auflage 135.000 Exemplare

Doris Wolf
Einsamkeit überwinden
Auflage 70.000 Exemplare

Rolf Merkle
Lass Dir nicht alles gefallen
Auflage 133.000 Exemplare

Rolf Merkle
Wenn das Leben zur Last wird
Auflage 133.000 Exemplare

Unsere Selbsthilfe-Ratgeber werden von vielen Kliniken, Ärzten, Beratungsstellen und Psychotherapeuten zur Therapiebegleitung und zur Nachsorge empfohlen.

Die PAL-Ratgeberbücher sind im Buchhandel erhältlich oder in unserem PAL-Onlineshop: **www.shop.palverlag.de**